MANIHOT UTILISSIMA POHL
MANDIOCA

ANA LAURA MANTOVANI
BETO RICARDO
CARLA FERNANDES DESANO
CHARLES R. CLEMENT
CLAUDE TROISGROS
EDUARDO GÓES NEVES
ELZA LIMA
ESTHER KATZ
FAMÍLIA MARTINS
FLORA DIAS CABALZAR
GENTIL BARREIRA
GEOVANE CARNEIRO
HELENA RIZZO
IÊDA MARQUES
ISABEL GOUVÊA
JERÔNIMO VILLAS-BÔAS
JUSSARA GRUBER
MARA SALLES
MARINA KAHN
MIGUEL CHIKAOKA
NEIDE RIGO
NIGEL SMITH
PEDRO MARTINELLI
RENATO SOARES
RITA CARELLI
RODRIGO OLIVEIRA
RUBENS SALFER
SANDRA ALVES
SÉRGIO COIMBRA
VINCENT CARELLI
WALDA MARQUES

ALEX ATALA

MANIHOT UTILISSIMA POHL
MANDIOCA

EDITORA ALAÚDE

ALELUIA, ALELUIA!
CARNE NO PRATO
E FARINHA NA CUIA!

INTRODUÇÃO

1. AS RAÍZES DA RAIZ
- O REINADO DA MANDIOCA
  - UMA RAIZ QUE CIRCULA
  - TROCA DE PLANTAS GARANTE A DIVERSIDADE
  - A DUPLA DOMESTICAÇÃO DA MANDIOCA
  - MANDIOCA TAMBÉM É GENTE

2. O PLANTIO, O PROCESSAMENTO E OS PREPAROS
- O PLANTIO TEM CIÊNCIA
  - MUTIRÃO DE PLANTIO
  - UM DIA DE CLAUDIA
  - A DIVERSIDADE DAS VARIEDADES E DOS NOMES
- MANDIOCA É MAIS QUE SIMPLESMENTE MANDIOCA
  - A MULHER PROVEDORA
  - SENHORA RAIZ
  - QUEM DIZ QUE FARINHA NÃO PODE TER TERROIR?
  - "COMPREI UM QUILO DE FARINHA PRA FAZER FAROFA..."
- OS ENGENHOS RESISTEM
  - A RAIZ DA RESISTÊNCIA E SUA FARINHA DE GUERRA
- O CRU, O COZIDO E O FERMENTADO
- QUANDO MANDIOCA VIRA BEBIDA

3. INOVAR É MANTER A TRADIÇÃO
- CULTURA É TRANSFORMAÇÃO
- O PRAZER DE ABRIR AS PORTAS DE CASA

GLOSSÁRIO

AGRADECIMENTOS

CRÉDITO DAS IMAGENS

REFERÊNCIAS

8

11

12

29

44

49

59

75

76

83

97

121

146

209

221

229

256

260

277

304

308

327

328

366

394

402

404

410

INTRODUÇÃO

Este é um livro escrito por muitas mãos. Pessoas que, de um modo ou de outro, estão envolvidas com a tradicional cultura da mandioca no Brasil. Amigos homens e mulheres, pesquisadores, cronistas, cozinheiros, indigenistas e fotógrafos, vieram dar forma e conteúdo a um ansiado projeto para destacar e valorizar a versatilidade da mandioca na culinária brasileira. Embora seu nome científico mais amplamente referido seja *Manihot esculenta*, dado pelo botânico Heinrich Johann Nepomuk von Crantz, o sinônimo *Manihot utilissima*, como o botânico Johann Baptist Emanuel Pohl classificou o tubérculo, foi mais compatível com essa versatilidade.

Já existe muita informação publicada sobre a mandioca. Para que mais? Por que um chef de cozinha se interessaria em abordar um único ingrediente culinário sem ser em um livro exclusivamente de receitas? Pois quem colaborou com o livro compartilha da percepção de que as populações tradicionais, com seus conhecimentos e modos de vida, têm contribuído para a permanência de bons usos e costumes da nossa sociedade e também – ninguém consegue negar – para o nosso bem viver urbanizado. Ainda. Há notícias que levam a compartilhar o receio de isto estar em risco. A permanência da mandioca em seus variados formatos é um forte fio condutor entre a tradição e os modos atuais de compor os pratos para nossa mesa. As mãos e os olhos de quem aqui deixou um registro se identificam com o roteiro traçado para compor o livro: explicitar o que cada um, dentro de seu recorte profissional, afetivo ou artístico, enxerga ou sabe sobre os conhecimentos, os manejos e os modos de cultivar, processar e transformar a mandioca.

Na América, os milhos, as batatas, as favas e os amendoins são tão nativos quanto a amazônica mandioca. Curiosamente, esta raiz veio sendo deixada em segundo plano na caracterização de nossa tradição alimentar. A referência à farinha dc mandioca podc scr cxccção, mas a colonização logo se ocupou de trazer o trigo para "dignificar" a mesa dos brasileiros. Não se trata, aqui, de questionar a primazia nutritiva do milho e do feijão, fundamentais para o alastramento e a estruturação do novo espaço social da colônia. É impossível, no entanto, ignorar como de norte a sul a farinha de mandioca perdurou, por excelência, como alimento de encher a barriga de quem trabalhou para nos tornar nação, sobretudo daqueles que não tinham acesso à carne e ao feijão.

Mesmo quando o refrão infantil apregoa que o cardápio terá "Arroz, feijão, salada e macarrão!", a vasilha de farinha ou a travessa de farofa estará discretamente em algum lugar da mesa ou do aparador, ainda que não rime na quadrinha. Somos redimidos, no entanto, pela exaltação popular citada na epígrafe.

1

AS RAÍZES DA RAIZ

O REINADO DA MANDIOCA

Quando os primeiros portugueses aportaram nas praias brasileiras provavelmente estavam famintos (e sujos...). A historiografia nos revela que, depois de três a quatro meses no mar, os estoques das caravelas ofereciam apenas pães e bolachas mofadas, restos de presunto defumado e peixe seco, além de vinho azedo.

Eis que ao desembarcarem encontram, para seu encanto e deleite, nativos curiosos, saudáveis, limpos e bem alimentados. Água pura, peixes frescos, carnes de caça, frutas, beiju, farinha, bebidas refrescantes e embriagantes – tudo isso os anfitriões tinham a oferecer. Uma diferença e tanto da alimentação da maioria dos europeus, a qual, até o século 18, era composta de sopas grosseiras; mingaus de grãos e cereais como trigo e aveia; lentilhas, favas, ervilhas e grãos-de-bico; ovos, caldos de legumes como repolho e alho-poró, alguma carne defumada ou salgada. Caça ou carne fresca só para alguns poucos, muito poucos. Cebola e alho também eram um privilégio, sobretudo para quem morava longe do Mediterrâneo. Já os povos que ocupavam o litoral do que veio a se chamar Brasil eram, em sua maioria, pertencentes a grupos Tupi, para quem o cultivo e o processamento da mandioca estavam sedimentados. Conheciam também milhos, batatas, leguminosas e outros tubérculos nativos jamais vistos nos continentes explorados pelos navegadores-comerciantes. Mais tarde, a partir do século 18, essa diversidade foi divulgada mais detalhadamente pelos viajantes e expedições científicas que por aqui se aventuraram.

1 A cena retrata um provável final de jornada de trabalho, quando o chefe de família oferece bebida a quem o ajudou. Pela grande vasilha de cerâmica, deve ser cauim

Até então, o canibalismo era um bom assunto para ser reportado à metrópole, como de fato o foi, servindo de argumento para legitimar a catequese forçada e a escravidão indígena. Hoje sabemos que o canibalismo era um modo ritualizado de absorção do poder e da força de inimigos admirados por sua valentia. No entanto, supondo que comer carne humana fosse mesmo regra e única alternativa de alimentação, nenhum português aventureiro ou francês huguenote ou inglês pirata ou holandês comerciante teria sobrevivido ao moquém. João Ubaldo Ribeiro, aliás, nos brinda em *Viva o povo brasileiro* com uma cena apetitosa: os índios, ao descobrirem a diferença entre

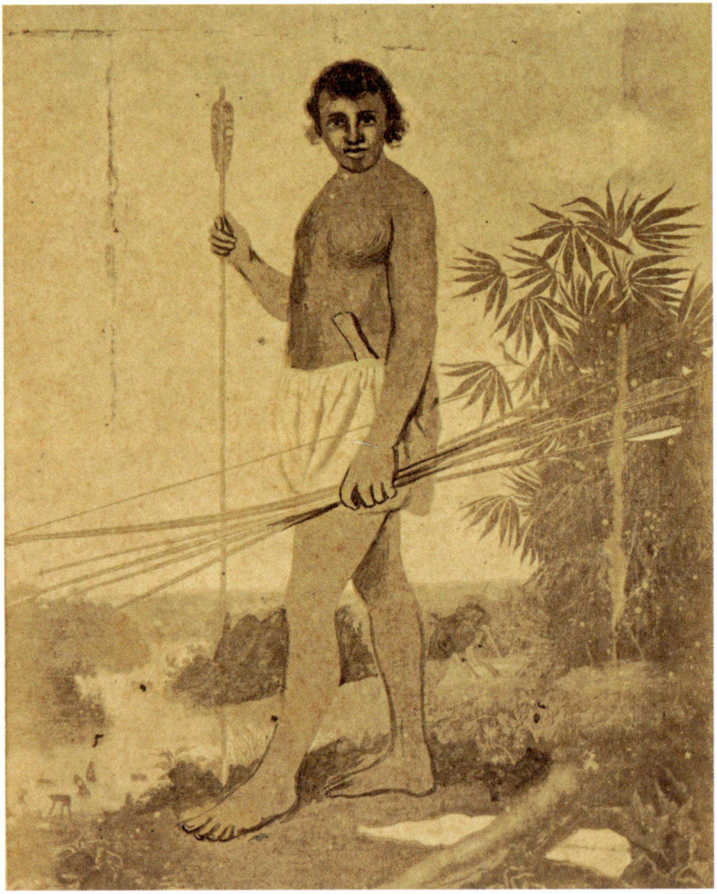

2

Esboço para uma das oito famosas pinturas de Albert Eckhout, que podem ter sido feitas para constituir uma tipologia dos habitantes do Brasil holandês do século 17. Neste retrato, uma touceira de mandioca é representada praticamente no mesmo plano do personagem principal

uma deliciosa carne branca e tenra dos holandeses, tão raros de capturar, e a dura e fibrosa carne dos portugueses que apareciam aos borbotões, se viram impelidos a criar holandeses em cativeiro para, assim, devorá-los como raro repasto em solenidades especiais.

As primeiras levas de portugueses, pouco numerosas, chegavam sem muito compromisso em ocupar a terra. Como o ouro e a prata não se fizeram explícitos – os espanhóis tiveram mais sorte –, a solução era ir ficando e se ajeitando nas aldeias indígenas, cultivando amizade com as lideranças políticas, procriando com as mulheres e colocando o marido delas no trabalho de corte de madeira para devolver as caravelas à Europa com os porões carregados de pau-brasil. Os missionários jesuítas não fizeram muito diferente: crianças internadas nas missões jesuíticas sustentadas pelo trabalho na roça e na cozinha das mulheres indígenas, afastadas do marido e dos filhos. Foram os primeiros passos para a desestruturação das sociedades indígenas e para a composição das famílias de brasileiros.

Logo os portugueses se viram obrigados a ocupar a terra e fazê-la render e, ainda no primeiro século após a chegada, começaram os esforços de colonização, com o plantio da cana-de-açúcar, o tráfico de escravos e a vinda de levas de colonos solitários, quase todos sem família e dependentes das roças indígenas para se alimentar.

A cultura canavieira incrementou a cultura da mandioca. No Nordeste, as roças disputavam espaço com a cana, pois delas saía o sustento da casa-grande e da senzala. Na Amazônia, onde os portugueses se embrenharam atrás das drogas do sertão, a mandioca reinava absoluta.

Na Capitania de São Vicente, sem espaço ou terrenos adequados para a expansão do cultivo da cana-de-açúcar, os colonos subiram a Serra do Mar e se embrenharam pelo sertão, adotando práticas alimentares dos índios – as raízes mandioca e macaxeira; os tubérculos, como cará, inhame e batata-doce; milho, frutas silvestres e palmito, além da caça e de alguns animais de criação que traziam aos poucos da Europa, como porcos, galinhas e gado. Farinha de mandioca e de milho dividiam o embornal dos bandeirantes. No sertão, o milho muitas vezes substituía a mandioca, por ser de colheita mais rápida, mais fácil de transportar e de preparar.

A cozinha nos engenhos de açúcar tinha muito de indígena nos alimentos utilizados, nos preparos, na forma de comê-los: uma comida seca, à base de farinha, carne e peixes secos, tubérculos cozidos – cozinha que passou a ser feita por africanas, que incluíam novos condimentos e folhas aromáticas aos produtos da terra. Como diz Paula Pinto e Silva em seu *Farinha, feijão e carne-seca*, "o beiju saiu das aldeias e entrou nos alpendres e varandas, alargando as possibilidades do paladar europeu". Muitos viajantes estranhavam a farinha crua, pois fazia "cócegas no céu da boca". Feijão e farinhas dominavam as refeições. As farinhas eram servidas diretamente sobre a mesa e usadas para aparar os caldos, formando paçocas que iam à boca pela mão, jogadas, pontaria aperfeiçoada por anos de treino. Se a nobreza europeia em seus palácios só passou a usar talheres no século 17, aqui comer com a mão continuou algo comum por pelo menos mais dois séculos.

Além da paçoca seca, a farinha de mandioca veio atender a uma antiga tradição alimentar dos portugueses, de origem camponesa. Acostumados às papas feitas com cereais, aqui os portugueses acrescentavam a seus caldos, seja de peixe ou tartaruga, seja de carne ou até de parcos legumes, uma cuia de farinha de mandioca. Obtinham uma mistura granulada, com aparência pegajosa, grudenta, viscosa: o pirão, resultado de técnica portuguesa com ingredientes nativos, produto de um longo processo de experimentação entre o encontro do líquido quente e a farinha seca, com uma mão sempre a mexer para não empelotar.

3 O registro de Rugendas revela que o processamento artesaral da mandioca para a produção de farinha não sofreu grandes mudanças desde o século 19

A mandioca, principalmente a farinha, também se imiscuiu na forte cultura do doce que se desenvolveu por aqui. Na casa-grande, as compotas de frutas utilizavam o açúcar refinado; na senzala, a farinha se fazia presente misturada aos restos de melaço de cana que sobravam nos engenhos, sobras do açúcar mascavo, primeira fase da produção do açúcar. No início, melaço, o mel de engenho, misturado com farinha de mandioca era comida de escravo. Melaço endurecido, a rapadura, doce rústico em formato de tijolo, que durava muito tempo e podia ser levado facilmente em um embornal, conquistou todos os espaços pela facilidade e praticidade. Adoçava a vida na casa-grande e, misturado com a farinha de milho ou mandioca, servia de alimento em viagens e acampamentos.

A mandioca não é algo que se planta na horta e em pouco tempo está pronta para comer. Exige tempo de maturação na terra – de oito a onze meses – e, depois de colhida, muito trabalho de processamento em casas de farinha, engenhos ou farinheiras, com seus equipamentos e utensílios – a variedade brava, por exemplo, precisa ser tratada até perder o veneno e se tornar comestível. Gerou conhecimentos – na seleção de variedades, no plantio, na colheita e no processamento – acumulados ao longo de séculos. Tecnologia indígena agregada ou aperfeiçoada no contato com a tecnologia do colonizador, exigência do aumento da demanda: a prensa de lagar substituindo o tipiti, rodas e ralos de ferro aumentando a eficiência dos raladores indígenas, fornos de flandres ou de cobre substituindo os de cerâmica.

A professora Mariza de Carvalho Soares, em seu ensaio "Engenho sim, de açúcar não: o engenho de farinha de Frans Post", analisa duas obras do pintor holandês e questiona sua catalogação como "engenhos de cana", concluindo que as pinturas retratam um engenho de farinha. Diz ela: "As culturas da cana e da mandioca coexistiram muitas vezes na mesma propriedade. A produção do açúcar dependeu da produção de farinha para alimentar escravos e toda a população dos engenhos. É a perspectiva de uma sociedade hierárquica que dá maior visibilidade ao açúcar em detrimento da farinha, fazendo com que homens de maior distinção não quisessem ver-se associados a um produto tão baixo". A autora conclui: "Quase quatrocentos anos mais tarde, arrisco dizer que, para os historiadores, um dos grandes méritos de Post foi ter representado um engenho de farinha dos tempos do Brasil holandês".

Além de alimentar os povos da colônia brasileira, farinha de mandioca e beijus grossos e bem assados também abasteciam os navios portugueses nas viagens de volta à terrinha e os que, de passagem pelo Brasil, iam para as Índias e a África. Eram mercadorias a serem negociadas e alimento para os escravos que seriam trazidos, disseminando a raiz na metrópole e também nas colônias e nos entrepostos portugueses. Hoje, o maior produtor mundial é a africana Nigéria, seguida pela asiática Indonésia. O Brasil, país de origem da mandioca, é o terceiro lugar.

Diz Câmara Cascudo em sua *História da alimentação no Brasil*: "Há quase cinco séculos a mandioca continua mantendo o prestígio no crédito popular". Reina absoluta nos trópicos, nas terras da Amazônia e no litoral brasileiro, dividindo seus louros com o milho no sertão do Brasil e nos altiplanos andinos. É encontrada de norte a sul, do churrasco gaúcho aos caxiris amazônicos, da tapioca que acompanha o açaí ou absorve os caldos dos guisados ao espessante na indústria de alimentos.

Apesar dessa presença na vida cotidiana de grande parte dos brasileiros, a mandioca entra para nossa história não como uma iguaria, mas relegada a segundo plano, como comida de pobre, algo que enche barriga, "que dá sustância", sacia a fome na falta de algo mais saboroso ou nutritivo. É a vaca atolada. Essa é a visão de Gilberto Freyre em *Casa-grande & senzala*.

Outro texto que também expõe esse preconceito é *Diálogos das grandezas do Brasil*, escrito no século 17 e muito citado pelos historiadores, no qual um dos personagens diz: "Assim é: quando querem vituperar o Brasil, a principal coisa que lhe opõem de mau é dizerem que nele se come farinha de pau". Tratamento semelhante recebe a participação dos afrodescendentes na formação social e cultural brasileira, incluindo nossa culinária, muito evocada, mas raramente qualificada, a não ser em generalizações como "feijoada é comida feita com os restos da casa-grande". No entanto, a convivência entre indígenas e escravizados, já a partir do século 17, abriu um caminho de mão dupla para a integração de hábitos alimentares e usos de ingredientes. O tacacá tal como o consumimos hoje, com camarão e jambu, é certamente contribuição africana ao formato original da goma temperada com tucupi muito apimentado e nada mais, como era e ainda hoje é entre alguns povos da Amazônia.

O sistema agrícola tradicional dos quilombolas do Vale do Ribeira, como destaca o Instituto Socioambiental, é possivelmente a expressão mais íntegra do modo de vida criado pelas comunidades negras desde o período colonial. Essas comunidades conviveram muito perto dos Guarani, dos Kaingang, dos Xokleng (só para citar os que ainda vivem em faixas de terra no Sudeste do país) e com eles se refugiaram ou se aliaram para escapar da escravidão e sobreviver nas florestas. Africanos, indígenas, cafuzos consolidam o tecido social do Brasil rural pelo parentesco, pela linguagem, pela religiosidade e por suas práticas agrícolas e alimentares, com destaque para a mandioca e o milho.

Aliás, sabemos que a mandioca e o milho, bem como a batata e o tomate, são nativos das Américas. Mas, enquanto os três últimos foram adotados pelos europeus e amplamente difundidos pelo mundo, a mandioca e seus derivados não ganharam o mesmo protagonismo na história da alimentação do homem moderno. Manteve-se como comida de pobre, alimentando pessoas principalmente em regiões tropicais e em desenvolvimento. Nos países ricos, entra disfarçada. Na França, nosso sagu feito da fécula de mandioca chama-se *perles du Japon* (pérolas do Japão), o que talvez lhe atribua mais valor... Será que é isso mesmo? Não fosse o limbo para o qual o glúten foi atirado, estaríamos ainda relegando a tapioca à reles atribuição de "pão de farinha de pau"?

A mandioca pode ter para nós a mesma versatilidade que o arroz tem para as culturas asiáticas. Temos um universo para trabalhar. Estamos apenas arranhando a superfície de uma cultura que está para ser descoberta.

Restrições e resiliência

No entanto, e nem sempre de forma visível, a produção de mandioca e de seus derivados vem se alterando. As mudanças de hábitos alimentares das populações indígenas e dos agricultores familiares, com maior acesso aos produtos industrializados e processados, vêm reduzindo a demanda pela produção artesanal de alimentos. O êxodo rural provocado pela instabilidade econômica e pela injusta realidade fundiária impacta a agricultura familiar. Processar a mandioca e fazer a farinha – um empreendimento coletivo – fica cada vez mais difícil Brasil afora. É mais barato e fácil comprar a farinha pronta, industrializada.

Nos mercados das pequenas e grandes cidades predomina a produção vinda do agronegócio e da grande indústria. Perde-se em sabor, perdem-se as habilidades empregadas na produção e na manutenção de fornos e casas de farinha, um bem imaterial acumulado por gerações. Perdem-se também variedades tradicionalmente cultivadas, provocando a erosão genética das plantas acumuladas desde o seu processo de domesticação e a longa trajetória de manejo que se sucedeu até meados do século 20.

Restrições às práticas agrícolas tradicionais de populações indígenas e quilombolas, como a coivara, em áreas de conservação ambiental tradicionalmente ocupadas por essas populações, a falta de políticas de apoio à agricultura familiar e a evasão dos jovens e seu desinteresse pelos saberes associados à essa produção têm contribuído para a limitação das atividades artesanais e, principalmente, a perda dos conhecimentos tradicionais associados.

Apesar das dificuldades, existe uma resistência. Os movimentos e as iniciativas em defesa da biodiversidade vêm contribuindo para ampliar a consciência sobre a importância de povos e comunidades tradicionais e seus conhecimentos e práticas agrícolas sustentáveis. A Convenção sobre Diversidade Biológica, aprovada na Conferência das Nações Unidas sobre o Meio Ambiente e o Desenvolvimento (Rio-92), e as Conferências das Partes que se seguiram têm estimulado esse reconhecimento.

Articulações por uma alimentação mais saudável e saborosa vêm resgatando alimentos e práticas alimentares tradicionais. A alta gastronomia tem criado valor para esses produtos. Em Santa Catarina, o crescimento da procura por farinha artesanal valoriza a mandioca e movimenta as rodas dos engenhos de farinha. Em algumas localidades, o número de engenhos e as tradicionais farinhadas, quando a mandioca é colhida e processada coletivamente pela comunidade, têm aumentado em vez de diminuir. Por exemplo, a Articulação Semiárido Brasileiro inspira iniciativas como a formação de bancos de sementes crioulas para viabilizar a troca, a disseminação e a proteção da diversidade das variedades de alimentos ameaçados de desaparecer. Na região do Cariri, considerada a mais seca do estado da Paraíba, existe uma diversidade de sementes que resistem ao tempo e ao clima e vêm sendo guardadas há várias gerações por agricultores e agricultoras que as chamam de Sementes da Paixão.

Engenhos vêm sendo remontados ou mesmo construídos a partir de novas peças, confirmando a capacidade de resiliência dessa tradição forjada em seu enraizamento no cotidiano das comunidades, o que justifica o pedido da Rede Catarinense de Engenhos de Farinha (articulação entre famílias detentoras de engenhos, Cepagro, órgãos municipais da cultura e agricultura, educadores e entusiastas) do registro de seus saberes e práticas como patrimônio cultural do Brasil, apresentado em maio de 2019, ao Instituto do Patrimônio Histórico e Artístico Nacional, que já registrou os sistemas agrícolas tradicionais dos povos indígenas do Rio Negro (AM) e das comunidades quilombolas do Vale do Ribeira (SP) como patrimônios culturais do Brasil.

Em que pese esse novo patamar que os modos tradicionais de produção de alimentos vêm alcançando, uma coisa é certa: a mandioca aguenta o tempo seco, o sol inclemente, o vento forte e a umidade pesada. Aguenta ficar na terra e esperar ser arrancada quando o resto não dá mais. Aguenta o cisco intrometido, a poeira do chão, a água suspeita e até a tirania do mundo higienizado e sanitarizado.

Não fossem as populações tradicionais e os povos indígenas preservarem variedades e manterem os modos de processamento praticamente intactos, não teríamos ideia do que ela pode fazer por nós: pela necessidade e pelo prazer de nos encher a barriga.

4

Mulheres descascam mandioca em uma casa de farinha. Pode se supor que os primeiros esboços de Modesto Brocos tenham sido feitos ainda durante o regime de escravidão. A abolição ocorreu quatro anos antes da datação da obra

5

Registro de mulheres em uma casa de farinha na comunidade São Joaquim, no município de Boninal, na Bahia. A foto foi feita em 2019, 127 anos depois da pintura de Brocos na página anterior

UMA RAIZ QUE CIRCULA

POR EDUARDO GÓES NEVES

Consumida sob diversas formas, literalmente do Oiapoque ao Chuí e de Cruzeiro do Sul a João Pessoa, a mandioca – ou aipim ou macaxeira – é uma planta fantástica, robusta, que cresce mesmo nos locais com solos ácidos e arenosos como os do Alto Rio Negro, no Amazonas, onde centenas de variedades são cultivadas pelos povos indígenas daquela região.

É seguro afirmar que, mais do que a desgastada camisa amarela da seleção canarinho, a mandioca seja talvez a maior unanimidade nacional. A razão disso é parcialmente histórica, neste caso de história profunda: é quase certo que a mandioca foi inicialmente domesticada na porção do território brasileiro que inclui partes do Acre, de Rondônia, do sul do Amazonas e do norte do Mato Grosso. As evidências classicamente utilizadas para indicar essa área como centro de domesticação são genéticas: é ali que vivem as espécies selvagens com parentesco mais próximo com a *Manihot esculenta*.

Desse centro de origem, povos indígenas levaram a mandioca através dos Andes para o litoral do Peru e o norte da Colômbia, onde já a cultivavam há cerca de 4 mil e 6 mil anos respectivamente. O fato de existirem evidências tão antigas do cultivo da mandioca nessa parte do continente e não no seu centro de origem tem a ver com condições excepcionais de preservação de vestígios orgânicos: o litoral do Peru é um grande deserto entremeado por pequenos rios que descem dos Andes em direção ao oceano Pacífico. Em condições extremamente secas, materiais como ossos, sementes, têxteis, fibras vegetais e restos de plantas comestíveis podem se preservar por milhares de anos.

Na Amazônia, porém, as condições de preservação de materiais orgânicos são comparativamente piores: os solos são normalmente ácidos e tais condições podem em poucos anos levar à desintegração de restos de plantas. As dificuldades de identificação de vestígios de mandioca em sítios arqueológicos resultam também das características da planta e de suas formas de cultivo e processamento. Todas as partes consumíveis da mandioca – raízes, folhas e caules – são moles e virtualmente destruídas durante o processamento, já que normalmente os únicos refugos sólidos que dele resultam são as cascas das raízes.

Nos últimos anos, o emprego de técnicas analíticas baseadas no estudo de vestígios microscópicos – como grãos de amido preservados entre as pequenas frestas de objetos de cerâmica e de pedra – tem promovido uma pequena revolução na arqueologia. Sabemos hoje, por exemplo, que o cacau já era cultivado há mais de 4 mil anos no que hoje é a encosta oriental dos Andes, na região da quebrada do rio Huancabamba, onde a cordilheira é mais baixa e mais estreita. Por essas condições, é possível que essa região, localizada na atual fronteira entre o Equador e o Peru, tenha provido um caminho natural de comunicação entre o oceano Pacífico, os Andes e a Amazônia. Tais evidências mostram que, apesar de amplamente difundido e consumido entre os povos astecas e maias da Mesoamérica, o cacau é uma planta de origem sul-americana e amazônica que, através de redes de comércio, foi levada há milhares de anos desde seu centro de origem até a América Central e a América do Norte. Caminho inverso fez o milho, a planta que, juntamente com o tabaco, tinha a maior dispersão de cultivo e consumo nas Américas em 1492. O milho foi domesticado inicialmente no atual sul do México há 9 mil anos aproximadamente. Alguns séculos depois, já era consumido no litoral do Peru e há cerca de 6 mil anos passou por um importante processo de modificação genética, uma espécie de "domesticação" secundária na região da bacia do Alto Rio Madeira e seus formadores, no sudoeste da Amazônia. O tabaco por sua vez, tal como o cacau e a mandioca, é uma planta de origem sul-americana, provavelmente domesticado no que são hoje as terras baixas de Bolívia, Argentina, Paraguai e partes do Brasil e amplamente consumido em todo o continente à época do início da invasão europeia.

O aporte de técnicas da genética ou da análise de micro e macrovestígios arqueológicos de plantas mostra, por esses poucos exemplos, que as plantas viajaram amplamente pelas Américas antes da chegada dos europeus e

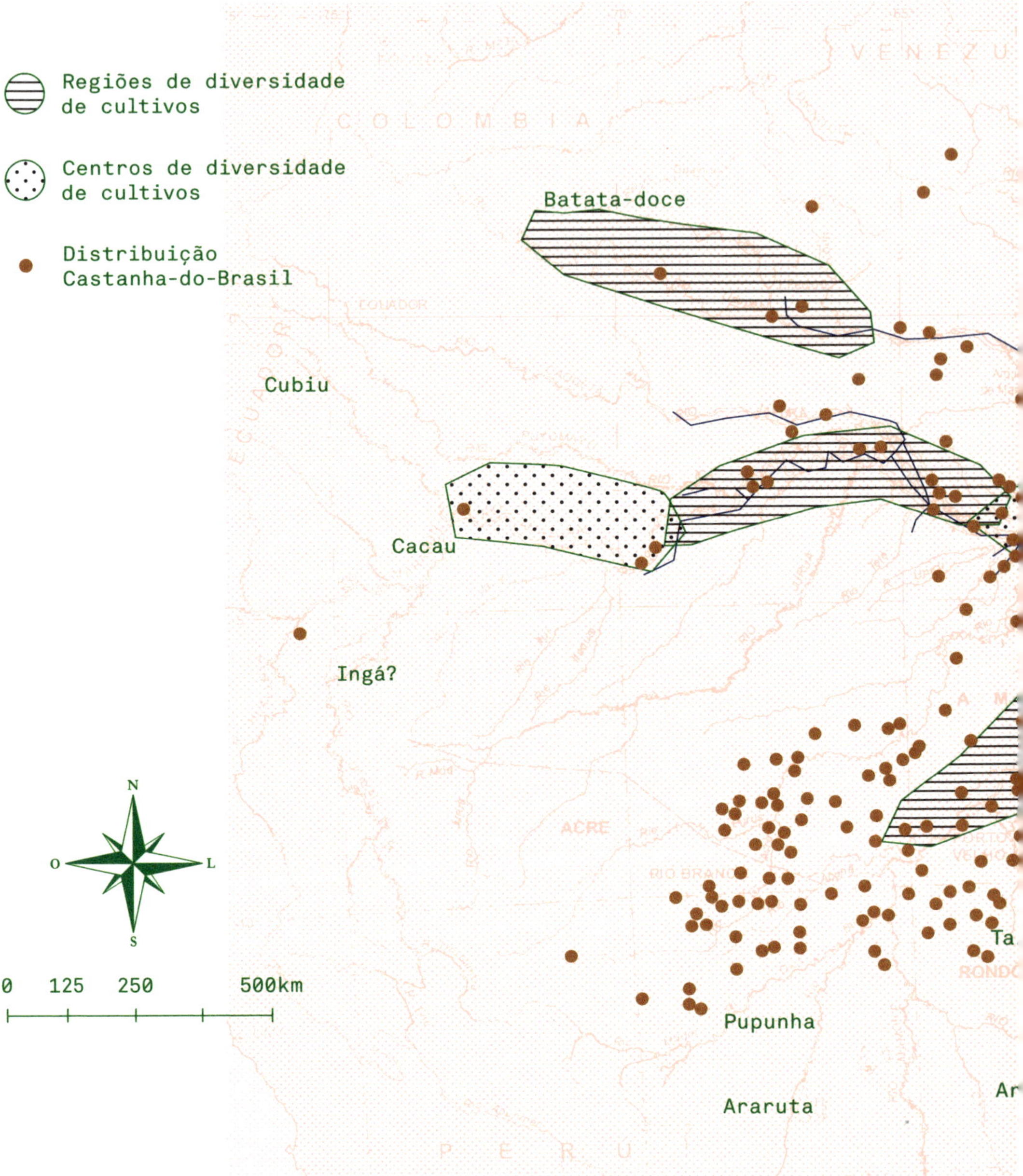

Centros de domesticação de plantas na Amazônia identificados com base em dados arqueológicos e genéticos. Os pontos de interrogação indicam centros ainda hipotéticos. Os nomes sublinhados indicam gramíneas. No caso do milho, trata-se de uma planta com origem no México e posteriormente modificada após sua introdução e cultivo no sudoeste da Amazônia, há cerca de 6 mil anos. (Adaptado de Clement et al. 2015)

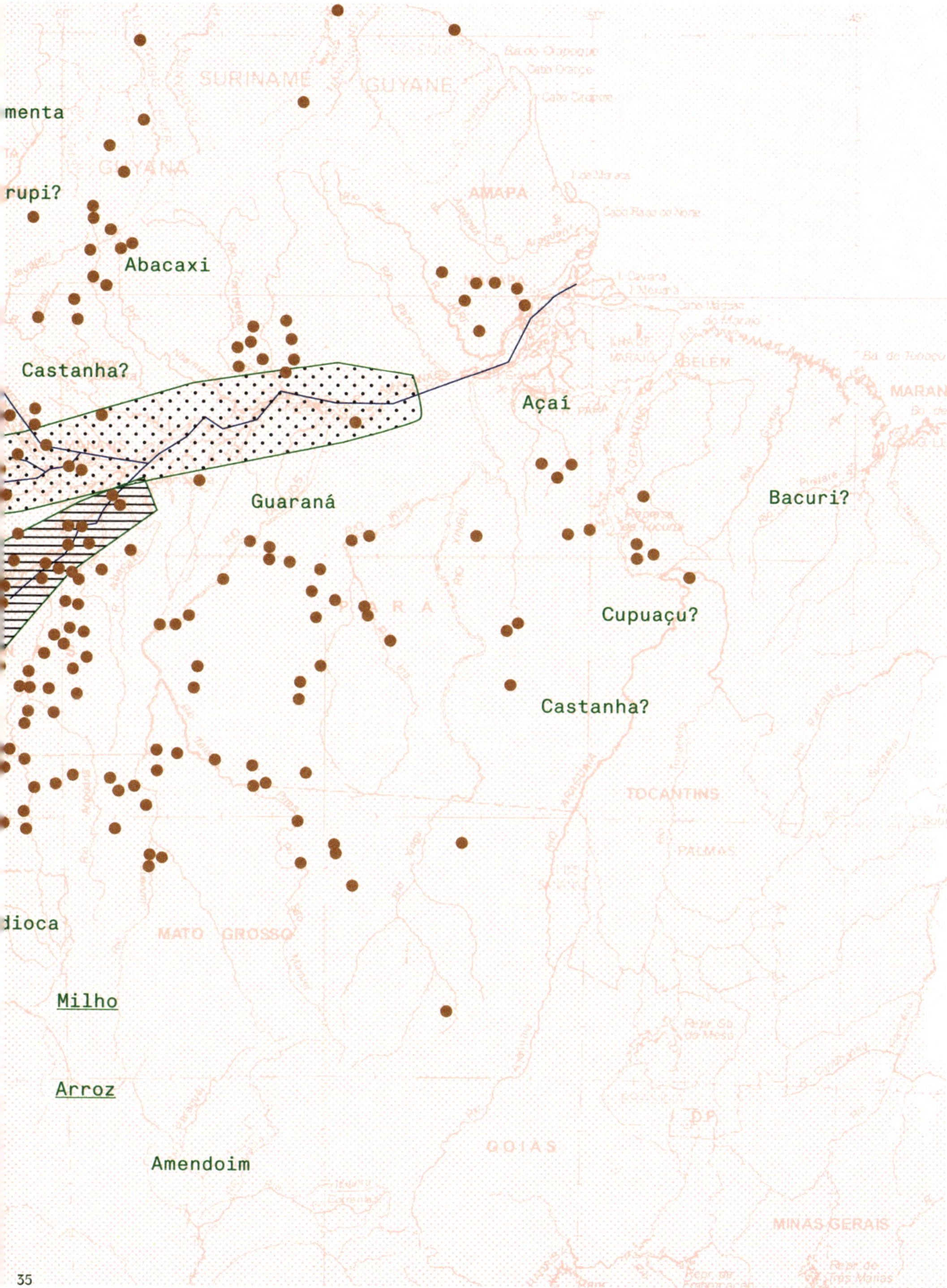
menta
rupi?
Abacaxi
Castanha?
Guaraná
Açaí
Bacuri?
Cupuaçu?
Castanha?
dioca
Milho
Arroz
Amendoim
SURINAME
GUYANE
GUYANA
AMAPA
BELEM
PARA
TOCANTINS
PALMAS
MATO GROSSO
GOIAS
MINAS GERAIS

circularam pelas mãos dos povos indígenas que as domesticaram, isto é, que as transformaram por meio de processos de seleção feitos a partir de ancestrais selvagens.

Processo semelhante opera até hoje, por exemplo, no Alto Rio Negro, no noroeste da Amazônia, onde um complexo sistema permite a circulação de diferentes variedades de mandioca e outras plantas, levadas pelas mulheres quando vão residir na aldeia do marido após o casamento (ver diagrama nas pp. 46-47).

Atualmente é sabido que a Amazônia foi um importante centro de domesticação de plantas em todo o planeta. Embora toda a região tenha sido palco de um processo ativo de experimentação e de cultivo ao longo de milênios, que resultou numa impressionante lista de plantas econômica e simbolicamente muito importantes, a área do Alto Rio Madeira, justamente o centro de domesticação da mandioca, parece se destacar por ter sido um berçário de inovação genética e agronômica no passado.

Escavações arqueológicas ora em curso na bacia do Alto Rio Madeira têm confirmado as hipóteses da genética e indicam que a mandioca já era cultivada na região há cerca de mil anos, juntamente com a goiaba, o ariá, as abóboras e a castanha-do-brasil. É impossível saber se a variedade cultivada a essa época era a mandioca amarga (ou simplesmente "mandioca", como se diz no norte do Brasil) ou a mandioca doce (ou "aipim").

O mapa de distribuição das variedades de mandioca e macaxeira na Amazônia mostra um padrão interessante: enquanto no norte, centro e leste há uma predominância da mandioca, no extremo oeste e sul predomina a macaxeira. Fora da Amazônia, tanto no Brasil como nos outros países latino-americanos, o consumo da macaxeira é muito mais comum.

Ainda não está claro quais padrões explicam essa distribuição. Para alguns autores é possível que a forma mais antiga de cultivo tenha sido a da macaxeira, da qual algumas variedades foram posteriormente selecionadas dando a origem à mandioca. A flexibilidade da mandioca, que vai de indivíduos extremamente venenosos a sem veneno, é vista também nos diferentes ciclos de cultivo da planta: há variedades, geralmente venenosas, que podem permanecer por mais de dois anos nas roças antes da colheita, enquanto outras variedades, geralmente não venenosas, são plantadas e colhidas em menos de três meses nas praias.

Talvez essa versatilidade e robustez expliquem um aparente paradoxo revelado pela arqueologia: embora tenha sido domesticada há milhares de anos, parece cada vez mais claro que a mandioca e seus produtos se tornaram mais importantes após o período colonial. A base para essa hipótese vem de vários fatores: primeiramente a relativa pouca frequência de grãos de amido de mandioca nos restos estudados, pelo menos se comparada à grande importância que a planta tem hoje. Pelo contrário, a arqueologia mostra que a mandioca compunha complexos e diversificados sistema de cultivos que incluíam muitos tubérculos como o ariá, a batata-doce e outros tipos de batatas, bromélias como o abacaxi, alguns cereais como o milho e o arroz, e também uma série de palmeiras que, com exceção da pupunha, não eram domesticadas. Uma dessas palmeiras, o açaí, virou produto de exportação. Outras, como a bacaba e o patauá, são muito apreciadas localmente. O tucumã, por exemplo, é comido com o queijo coalho derretido no popularíssimo x-caboquinho, sucesso de crítica e de público em Manaus.

Além das palmeiras, muitas outras árvores – algumas domesticadas, outras não – compunham e compõem esse cardápio diversificado, colorido e saboroso: cacau, cupuaçu, biribá, cucura, bacuri, ingá, taperebá, caju, pequi e maravilhosas castanheiras como a castanheira-do-brasil e também a sapucaia. Para completar, há também que se destacar a impressionante lista de plantas estimulantes, recreativas ou religiosas, como o guaraná, o tabaco, o ipadu, o angico e a ayahuasca, ou caapi. De fato, a quantidade e a diversidade de plantas cultivadas e manejadas na Amazônia antiga era tão grande que menos de 10% já foram identificadas pelos estudos arqueobotânicos.

Denominá-las como agroecológicas é talvez a melhor forma de classificar essas formas milenares de cultivo, que até hoje se reproduzem e se perpetuam, de modo silencioso, entre as populações tradicionais Brasil afora – indígenas, quilombolas, ribeirinhas, caiçaras, caipiras, sertanejas.

Estratégias agroecológicas estão baseadas na diversificação de cultivos em roças que seguem a própria estrutura dos bosques e das florestas do entorno e incluem plantas de diversos tamanhos e ciclos de vida: indivíduos de ciclos curtos, anuais, como o milho; tubérculos como a mandioca, que podem ficar vários meses armazenados no próprio solo; e por fim árvores que podem viver décadas ou séculos, como a castanheira.

Antes da invasão europeia não havia artefatos de metal onde hoje está o Brasil. Isso quer dizer que as roças do passado eram diferentes das atuais roças tradicionais. É certo que essas roças antigas não tinham a mesma forma regular que têm as roças contemporâneas; provavelmente tinham formas irregulares, já que o processo de derrubada da mata é totalmente diferente quando se usa machados de pedra. Nesses contextos, a transição entre o mundo de casas, aldeias ou cidades e os mundos da mata era muito mais sutil e atenuada.

Se considerarmos que a ocupação humana da Amazônia tem pelo menos 11 mil anos, se não mais, e que havia entre 8 e 10 milhões de indígenas vivendo ali em 1492, pode-se perceber que parte das florestas que compõem a Amazônia no presente foram modificadas pela presença humana no passado, algo que vem sendo defendido há anos pela arqueologia.

Levantamentos botânicos recentes têm confirmado essa hipótese. Uma grande compilação, feita em 2013, do número de árvores presentes na Amazônia indicou a presença de cerca de 390 bilhões de indivíduos na região, agrupados em cerca de 16 mil espécies. O mais surpreendente, no entanto, é que 227 espécies (1,4%) correspondem a quase metade de todas as árvores da Amazônia e é por isso que são conhecidas como hiperdominantes. Um exame das dez espécies mais hiperdominantes revela uma série de plantas conhecidas, fontes de alimentação e matéria-prima para populações tradicionais e urbanas, entre elas açaí-do-mato, paxiubão, açaí-do-pará, pataua, paxiúba e murumuru. Se observarmos as 227 espécies hiperdominantes, a relação de plantas familiares é ainda maior e incluirá, por exemplo, seringueira, cacaueiro, ingazeiro, castanheira-do-brasil e cajueiro, para citar apenas alguns nomes.

Infelizmente, é certo que, atualmente, o número de árvores na Amazônia seja menor que o da compilação publicada em 2013, esta mesma baseada em dados mais antigos ainda. Mesmo assim, os dados de distribuição de espécies de árvores parecem reforçar a hipótese de que o manejo tradicional de plantas contribuiu, ao longo dos séculos, para criar partes da floresta como hoje a conhecemos.

O processo de domesticação de plantas como a mandioca é parte da longa história de produção de diversidade, resultando em uma herança socioambiental única, preciosa e, agora mais do que nunca, ameaçada.

As sociedades indígenas do passado, que construíram essa diversidade, eram também bastante diversificadas: atualmente mais de 300 línguas indígenas diferentes são faladas na Amazônia, algumas delas em processo de extinção porque pouquíssimos falantes ainda sobrevivem. O processo de diferenciação linguística e, portanto, de diferenciação social e cultural foi construído ao longo do Holoceno por distintos coletivos humanos, que incluíam desde pequenos grupos móveis de caçadores-coletores até cidades ocupadas por alguns milhares de pessoas.

O testemunho dessas sociedades pretéritas pode ser visto nos museus e acervos arqueológicos da Amazônia guardados em instituições nacionais e estrangeiras, bem como nos milhares de sítios arqueológicos distribuídos pela região. Tais formas sofisticadas de manejo sobrevivem também entre as estratégias perpetradas pelas sociedades tradicionais que teimam em resistir e manter seu modo de vida nos bosques que compõem nossas paisagens e, sobretudo, em cada grão de farinha de mandioca comido a cada dia, Brasil afora.

EDUARDO GÓES NEVES

Arqueólogo, professor e pesquisador do Laboratório de Arqueologia dos Trópicos, Museu de Arqueologia e Etnologia, Universidade de São Paulo

TROCA DE PLANTAS GARANTE A DIVERSIDADE

A alta diversidade de variedades de mandioca observadas na bacia do Rio Negro (podendo ser generalizada para outras áreas da Amazônia indígena e cabocla) resulta de fluxos intensos de plantas, principalmente entre mulheres. As relações sociais fazem circular as sementes e as mudas: visitar familiares, vizinhos ou comadres e viajar para a aldeia de parentes são ocasiões para ir até uma roça e solicitar que sua dona forneça manivas e demais plantas. Dar sementes ou mudas é uma obrigação da qual ninguém pode se subtrair. Um constante interesse pela novidade – neste caso botânica – movimenta essas redes sociais. Estacas ou sementes também podem ser objeto de encomendas via uma terceira pessoa, mas a obtenção sempre ocorrerá no âmbito de uma relação de reciprocidade.

Outra circunstância que leva a pedir mudas é a falta de sementes para o plantio de uma nova roça. Neste caso, as manivas serão solicitadas em grande quantidade a um vizinho ou parente próximo, dando-se pouca importância para os aspectos qualitativos, uma vez que o objetivo imediato é a constituição de um estoque produtivo.

Tanto no Alto quanto no Médio Rio Negro, a diversidade mantida por uma agricultora coloca em jogo de dez a quarenta doadores. Possuir e manejar uma alta diversidade de plantas revela a sociabilidade posta em prática. Cada agricultora, mesmo em uma comunidade de poucas famílias, maneja uma rede específica de doadores cuja amplitude depende, em geral, do tempo de residência num certo local.

O espaço de circulação regional das plantas tem o Rio Negro como eixo, sendo os pontos extremos a região colombiana de Mitú a oeste (555 quilômetros) e Manaus a leste (683 quilômetros). A escala regional repousa sobre laços sociais e sustenta a circulação de um bem coletivo, constantemente atualizado. A maioria dos intercâmbios se realiza, no entanto, no âmbito dos povoados e comunidades vizinhas, onde estão os parentes. Qualquer inovação, local ou regional, é logo colocada em circulação. Ou seja, relações individuais maximizam o benefício coletivo já que a circulação das plantas ativa não somente um sistema social (aberto, multicêntrico e não hierarquizado), mas também um sistema de conservação de recursos fitogenéticos. A mesma pessoa age como selecionadora, multiplicadora, distribuidora e usuária do material reprodutivo. Manter a agrobiodiversidade é um processo acumulativo que resulta de laços sociais mantidos pela agricultora.

O diagrama a seguir representa a circulação de plantas em uma diminuta região do Médio Rio Negro em relação à dimensão da bacia como um todo. Santa Isabel do Rio Negro é um núcleo urbano (18.680 habitantes, pelo Censo 2010); Tapereira e Espírito Santo são aldeias indígenas.

Do Alto Rio Negro chegam variedades de mandioca e plantas medicinais; não são fluxos significativos em termos quantitativos (em torno de 3% do total), mas expressivos por conta da incidência de nichos culturais bem específicos. As variedades de manivas, junto com plantas protetoras das roças, circulam preferencialmente de mãe para filha, ou de sogra para nora. Está em jogo uma lógica de transmissão patrimonial e intergeracional.

As plantas alimentícias – inhames, batatas, bananas, canas – circulam majoritariamente entre as mulheres da mesma geração. As frutíferas passam de preferência por rotas masculinas também de mesma geração, carregando consigo seus nomes, suas características e sua história. Em Santa Isabel, foram identificadas plantas procedentes de São Paulo e de Minas Gerais, mas são exceções. Os fluxos originados na região de Manaus trazem plantas ornamentais ou frutíferas exóticas.

REDES DE CIRCULAÇÃO DE PLANTAS ENTRE TAPEREIRA, ESPÍRITO SANTO E SANTA ISABEL DO RIO NEGRO

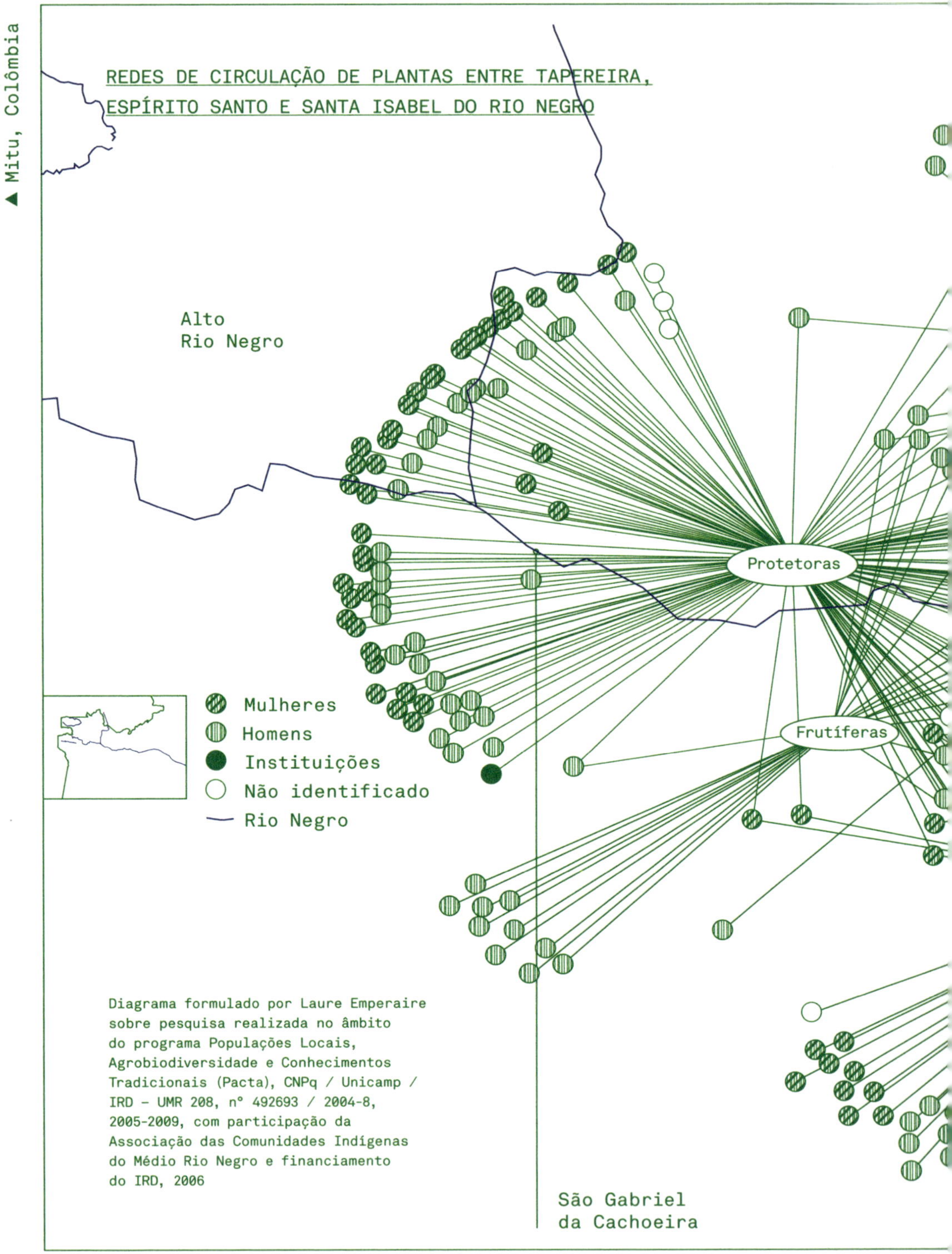

Diagrama formulado por Laure Emperaire sobre pesquisa realizada no âmbito do programa Populações Locais, Agrobiodiversidade e Conhecimentos Tradicionais (Pacta), CNPq / Unicamp / IRD – UMR 208, nº 492693 / 2004-8, 2005-2009, com participação da Associação das Comunidades Indígenas do Médio Rio Negro e financiamento do IRD, 2006

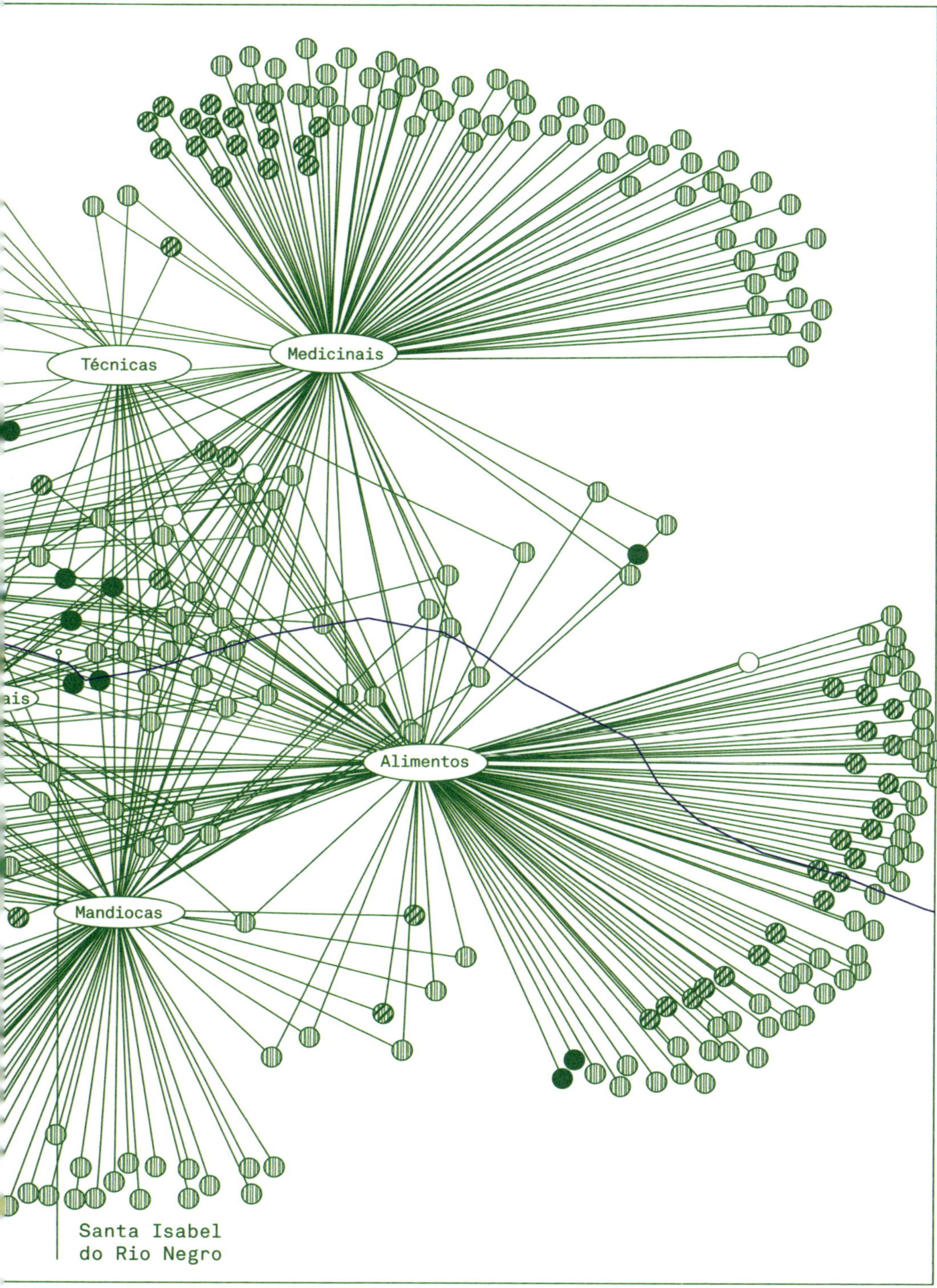

▼ Manaus, Brasil

A DUPLA DOMESTICAÇÃO DA MANDIOCA

POR CHARLES R. CLEMENT

A Amazônia é reconhecida como um dos principais centros de domesticação de plantas cultivadas do planeta, tão importante como as regiões andina e mesoamericana (sul do México e norte da América Central). A espécie amazônica de maior importância em âmbito mundial hoje é a mandioca (*Manihot esculenta*), que ajuda a alimentar pelo menos 800 milhões de pessoas nos países tropicais das Américas, da África e da Ásia.

A domesticação das plantas é um processo simples, que precisa de apenas quatro elementos: uma população nativa que apresente variabilidade morfológica, por exemplo, no formato e na coloração das folhas, do caule e das raízes; um grupo de pessoas, geralmente as mulheres, que deseja cultivar as plantas; algumas pessoas, geralmente as mulheres, que praticam seleção antes de decidir o que cultivar; e tempo. A domesticação da mandioca começou provavelmente há 10 mil anos, portanto não há relatos sobre o que aconteceu então. Mas podemos imaginar o processo.

A mandioca silvestre crescia mais como cipó do que como arbusto, que é a forma que existe em uma roça ou um quintal. Além disso, a raiz crescia para baixo e era muito fina, como um dedo indicador. Existem populações dessa mandioca silvestre nas florestas entre o sul da Amazônia e o norte do Cerrado. Em algum lugar do que é hoje Rondônia, uma mulher arrancou algumas raízes de mandioca silvestre e as levou para casa para comer. A raiz dessa mandioca é muito amarga, cheia de veneno, mas as mulheres daquela época sabiam como eliminar esse veneno. Descascavam a raiz, deixavam descansar no igarapé por alguns dias, ralavam ou amassavam a raiz, deixavam a massa descansar numa cuia, trocando a água de vez em quando, e finalmente obtinham uma massa rica em amido que podia ser cozida ou tostada sobre uma pedra quente.

Durante o processo de descascar as raízes, as mulheres jogavam cascas e pedaços do talo (que hoje chamamos de maniva) na lixeira do fundo do quintal. De vez em quando, uma maniva brotava ali e cabia à mulher decidir se deixaria crescer ou não. Em caso positivo, mais tarde a planta amadureceria e a mulher poderia colher a raiz novamente.

Ela observou algo interessante: as raízes eram diferentes, não cresciam para baixo, mas para o lado, e também em diferentes direções a partir da maniva, não só apenas uma crescendo para baixo. Ocorreu que a nova planta, que estava na lixeira no quintal, recebeu nutrientes do lixo orgânico que apodrecia e cresceu melhor do que no mato; já crescia em formato de arbusto também.

Antes de processar as raízes da planta do quintal, a mulher saboreava uma raiz cuidadosamente para saber se precisava de muita ou pouca lavagem para tirar o veneno. Se fosse menos amarga, talvez valesse a pena plantar algumas manivas na lixeira do quintal. E daí nasceu a mandioca-mansa, o tipo de mandioca menos venenosa, comumente chamada de macaxeira.

Após anos de seleção e plantio, surgiram variedades de macaxeira com raízes maiores que nem precisavam de processamento para retirar o veneno, o que agradava às mulheres porque dava menos trabalho de preparar. As mulheres do primeiro grupo de pessoas presentearam manivas a outros grupos, e a macaxeira foi distribuída em toda a Amazônia, no resto de Brasil, no norte de América do Sul e chegou ao México 6.500 anos atrás.

Observe-se que o processo é muito simples, mas também é bem gradual, o que significa que a macaxeira não apareceu pronta, imediatamente. Outro aspecto importante é que tudo aconteceu no quintal, onde a lixeira é usada para manejar resíduo orgânico e, como parte do manejo, muda de um lugar para outro ao longo do tempo, dando espaço a novas macaxeiras. Além disso, no quintal não há espaço para plantar muita macaxeira, o que demonstra que era apenas uma planta entre outras. Mas uma raiz rica em amido tem outra utilidade: pode ser fermentada para fazer caxiri, caiçuma, masato – cada grupo de humanos tem o próprio nome para sua bebida fermentada. Já que grupos humanos gostam de celebrações, a macaxeira crescia em importância. Não se sabe quando, mas provavelmente há uns 3 ou 4 mil anos, alguns grupos humanos em outra parte da Amazônia começaram a plantar macaxeira em maior quantidade e mais longe do quintal. Já que macaxeira é mansa, animais como queixadas, pacas e cutias também gostam de comê-la. Como resultado, as mulheres desses grupos estavam colhendo cada vez menos macaxeira e observaram que as plantas que sobravam eram as mais amargas. Afinal, os outros animais também sabem detectar o amargor da raiz de mandioca. É preciso lembrar que há muito tempo as mulheres sabem como processar mandioca para obter amido sem veneno. Assim, elas começaram a plantar tipos de macaxeira cada vez mais bravas, cheias de veneno, para que os outros animais não as comessem primeiro.

Assim, a partir da macaxeira, que é a mandioca-mansa, teve início um novo processo de domesticação, agora para criar a mandioca-brava, tão brava e cheia de veneno quanto a mandioca silvestre do sul da Amazônia.

Agora, porém, a mandioca já tem raízes grandes, cheias de amido, e novamente cheias de veneno, que precisavam ser processadas cuidadosamente para produzir farinha, goma e outros produtos. Essa nova mandioca-brava é muito produtiva, muito resistente a animais, resistente também a estiagens e solos mais pobres. Como no caso da macaxeira, esta nova mandioca-brava foi presenteada aos vizinhos e foi distribuída em toda a Amazônia e ao longo do litoral do Brasil, sem chegar ao Cerrado e ao México. Então, podemos dizer que a mandioca foi domesticada duas vezes, uma vez para ser mansa, outra para ser brava.

Existe atualmente uma discussão entre antropólogos, arqueólogos, historiadores e geneticistas que trabalham com mandioca e macaxeira sobre a importância de cada uma na época da conquista portuguesa da América do Sul. Inicialmente, imaginávamos que a mandioca-brava era muito importante naquela época, porque é muito importante hoje entre diversos povos indígenas e comunidades tradicionais na Amazônia e no Brasil. No entanto, os arqueólogos não encontraram muitos restos de mandioca nos sítios, somente um pouco, como se fosse uma planta entre muitas, como a macaxeira no quintal.

Alguns antropólogos, liderados pelo grupo da Universidade Federal do Amazonas, têm registrado que diversos povos indígenas lembram que não plantavam roças de mandioca. Lembram ainda que somente começaram a plantar roças de mandioca durante a época da borracha, quando os coronéis dos barrancos os obrigavam a fazer farinha para que eles, os coronéis, vendessem para os seringueiros no mato. Parece cada vez mais provável que a importância da mandioca-brava tenha aumentado dramaticamente nessa época, assumindo o papel que tem hoje.

Esta discussão não terminou. Vale lembrar que a Amazônia é muito grande, um continente dentro de outro. A Amazônia também é uma região com muita diversidade humana, diversidade étnica. Vemos isso pelo número de línguas faladas na região na época da conquista, estimado em mais de mil diferentes línguas. Algumas foram mais importantes que outras, como Aruak, Tupi, Caribe e Jê, com muitos grupos falando diferentes dialetos. Os grupos que falavam as línguas Aruak são reconhecidos por serem bons produtores de alimentos, inclusive macaxeira e mandioca. Os grupos que falavam Tupi, Karib e Jê também as plantavam, embora não fossem tão famosos como os que falavam Aruak. Também houve muitas línguas menos importantes, inclusive faladas por pequenos grupos isolados. Cada grupo linguístico teve diferentes conhecimentos tradicionais, inclusive sobre a produção de macaxeira e de mandioca, bem como diferentes preferências alimentícias. Isso significa que cada grupo usa macaxeira ou mandioca ou ambas de forma diferente.

A discussão agora se encaminha na direção de tentar identificar quem é quem na história da macaxeira e da mandioca e quem domesticou a mandioca-brava a partir da macaxeira. Nunca vamos saber quem domesticou a macaxeira, porque aconteceu há muito tempo, mas há uma chance de talvez descobrirmos quem domesticou a mandioca-brava.

CHARLES R. CLEMENT

Biólogo e pesquisador do Inpa. Texto escrito originalmente para a exposição Tramas da Ciência, na Casa de Ciência, Inpa/Manaus, 2019

MANDIOCA TAMBÉM
É GENTE

OS MITOS
DE ORIGEM DA MANDIOCA

ATOLÔ,
A MENINA MANDIOCA

Atolô, filha de Kokoterô e Datawali, em uma tarde, afastou-se da aldeia com sua mãe à procura de frutos e raízes que pudessem coletar. Andaram muito e, no meio da mata, encontraram uma clareira bonita, bem aberta e limpa, onde a terra era fofa e fresca. A menina parou para fazer xixi, e da vagina dela saiu dela um pó muito branco. Atolô ficou olhando e depois pediu para a mãe que a enterrasse ali. A mãe achou graça, concordando que era um lugar muito bonito para ser enterrada e continuou a andar, mas a menina não se moveu e tornou a pedir:

— Me enterre até a cintura, minha mãe. E depois peça para meu pai pescar para mim. Só volte nas primeiras chuvas.

A mãe percebeu que a filha falava sério, então a enterrou bem no centro da clareira deixando apenas o tronco e a cabeça de fora. Em seguida, a menina pediu que a mãe fosse embora:

— Vá e não olhe para trás, para não ver as flautas, minha mãe. Não olhe quando ouvir meus gritos.

A mãe virou-se e foi embora depressa, muito triste. Chegando à aldeia, correu para pedir a Datawali que fosse pescar para a menina. Ele pescou muito, levou pacu cor de prata, matrinxã vermelho, piaba dourada e deu para a menina comer. Também havia uma chicha farta de mel que a mãe preparou e verteu na terra, para que a menina se alimentasse e crescesse forte e saudável. Com o passar do tempo, do corpo da menina brotaram ramas verdes, que foram crescendo e crescendo e se espalharam até tomarem a clareira toda. Cada rama era uma espécie diferente de mandioca.

Quando a mãe voltou, junto com as primeiras chuvas, já encontrou a roça madura. Intrigada, ela cavou a terra onde tinha enterrado a filha e encontrou um tubérculo branco, da espessura de uma coxa. Era a mandioca. A mãe colheu a mandioca com cuidado, enquanto a menina cantava e ensinava a mãe a tratar a mandioca, descascar, lavar, ralar e secar, para fazer a fazer farinha, beiju e mingau.Atanerô, irmã de Kokoterô e mulher de Ayariokô, que por sua vez é irmão de Datawali, ficou com ciúmes de ver a irmã com tanta fartura de comida. Eram todos vizinhos e, numa tarde, curiosa, resolveu seguir a irmã pela mata. Escondeu-se no caminho e viu a irmã passar de volta para aldeia com o cesto cheio de mandioca. Foi então procurar a roça com intenção de roubá-la.

Quando lá chegou, arrancou a mandioca de qualquer jeito, sem dó, até os tubérculos pequenos. A menina gritou muito! A mãe, ouvindo os gritos da filha, voltou correndo, mas a menina já estava muda, nunca mais falou. A mandioca continua a existir e alimentar os Enawenê, mas a menina parou de produzir sozinha e hoje todos têm que plantar a mandioca para comer o beiju e tomar a bebida.

* * *

Datawali, pai de Atolô, é o grande herói mítico Enawenê-nawê. Dokui, seu outro filho, entrou no rio e foi comido pelos peixes, e seu corpo foi transformado nos elementos que compõem as armadilhas de pesca das barragens Enawenê-nawê. Dessa forma, Dokui e Atolô formam uma dualidade: masculino e feminino, pesca e roça, e estão ligados às fontes centrais da alimentação Enawenê-nawê: o peixe e a mandioca. É com os peixes trazidos da barragem que Datawali alimenta sua filha, Atolô, que por sua vez alimenta os Enawenê-nawê com a mandioca que produz; com o caldo dessa mandioca, os Enawenê-nawê saciam os espíritos para que eles lhes deem os peixes, um círculo virtuoso. Em algumas versões da história, a menina é enterrada até o pescoço, mas a imagem da menina enterrada até a cintura lembra a forma como as hastes da planta são fincadas na terra, deixando-se as forquilhas dos pecíolos de fora, e a imagem do corpo da menina faz correspondência com as diferentes partes da planta. O importante é que a menina, embora enterrada, ainda esteja viva, possa respirar, comer o que o pai lhe traz, beber, cantar, comunicar-se com a mãe e explicar a ela como proceder com a colheita e a feitura dos alimentos que vai gerar.

Atolô é o arquétipo da fertilidade e requer cuidados e atenções para se reproduzir. Não pode ser plantada em qualquer lugar: ela escolhe uma clareira limpa, com terra fofa e fresca. O primeiro broto é sua cabeça, as gemas são seus seios, a haste é seu abdômen, os pecíolos são seus braços, as folhas são mãos e dedos; entre as gemas estão suas pernas, as raízes são seus pés, o floema e o xilema são, respectivamente, seu estômago e seu intestino, a casca é sua pele, a resina é seu leite e o polvilho, seus excrementos.

RITA CARELLI

Escritora e atriz, recompôs esta narrativa a partir de relatos de diversos narradores Enawenê-nawê, em especial os de Ataina e Kularenê. Filha de indigenistas, passou inúmeros períodos da vida entre os Enawenê-nawê

6

7

O majestoso ritual do Yaõkwa, dos Enawenê-nawê, é celebrado ao longo de sete meses, anualmente. É feito coletivamente, assim que os homens regressam das barragens de pesca. Cabe a eles, um ano antes, abrir e limpar as roças, afofar a terra, realizar o plantio e alimentar as manivas. A manutenção, a colheita e o tratamento dos tubérculos fica por conta das mulheres (página ao lado), assim como a produção de alimentos derivados da mandioca. O plantio da grande roça e o farto provimento de peixes é indispensável ao cumprimento do ritual. Acima, um dos momentos preliminares do Yaõkwa, os peixes moqueados pelos homens estão sob os beijus preparados pelas mulheres. Dali a instantes, começará uma troca generalizada. Ninguém come o seu próprio peixe com beiju, mas oferece-o a terceiros, como oferenda ao Yaõkwa.

MANI, A MÃE DA MANDIOCA

As narrativas míticas dos povos de língua tupi sobre o surgimento da mandioca têm uma estrutura comum e diversas variantes para composição do enredo de cada povo.

Em tempos idos, apareceu grávida a filha de um chefe que, sentindo-se desonrado, empregou debalde rogos, ameaças e por fim castigos severos à filha. A moça permaneceu inflexível, dizendo que nunca tinha tido relação com homem algum. O chefe tinha deliberado matá-la, quando, em sonho, um homem lhe disse que não matasse a moça. Passados os nove meses, ela deu à luz uma menina linda e de pele muito branca, causando surpresa não só da tribo como das nações vizinhas que vieram visitar a criança, testemunhando característica tão desconhecida. A criança, que teve o nome de Mani, andou e falou precocemente, mas morreu ao cabo de um ano, sem ter adoecido e sem dar mostras de dor. Foi ela enterrada dentro da própria casa. Por conta do costume do povo de regar as sepulturas, ao cabo de algum tempo brotou dali uma planta que, por ser inteiramente desconhecida, deixaram de arrancar. Cresceu, floresceu e deu frutos.

Os pássaros que comeram os frutos se embriagaram, e esse fenômeno, desconhecido dos índios, aumentou-lhes a superstição pela planta. A terra afinal fendeu-se; cavaram-na e julgaram reconhecer no fruto que encontraram o corpo de Mani. Comeram-no e assim aprenderam a usar da mandioca.

Registro do militar e folclorista José Vieira Couto de Magalhães, de 1876.

8

Nesta representação do mito de origem da mandioca, são as lágrimas da mãe de Mani, vertidas sobre o túmulo da filha, que farão brotar a planta que alimentará seu povo

AS MANIVAS QUE O CALANGO NÃO SEGUROU

Narrativa do povo Werekena, moradores do rio Xié e do alto curso do rio Negro (AM). Hoje falantes de Nheengatu, sua língua original pertencia à família Aruak.

Existia um homem poderoso que apareceu ao tuxá mais importante, que era calango. Avisou que certo dia as manivas cairiam do céu e que ele seria o responsável por segurá-las e não deixar as manivas caírem na terra. No dia marcado, o calango foi esperar no local. Naquele momento as manivas começaram a cair do céu e ele as segurava no peito. Outras caíram na terra. Dizem que as que ele não deixou cair no chão são as que dão a raiz grande e as que caíram na terra são as que não dão raízes. Depois que as manivas pararam de cair do céu, o homem o abençoou e disse que com isso poderiam se sustentar de geração em geração e que os povos de outras regiões também as utilizariam. Avisou que deveriam cuidar bem das manivas, pois sem elas não conseguiriam sobreviver.

O calango é o personagem principal. Por isso que toda vez que preparam a farinha, o calango está por perto e come a goma da mandioca que é jogada no chão, para não estragar. Os primeiros Werekena, quando apareceram como gente com inteligência para fazer as coisas, observavam a natureza e adquiriam a capacidade de criar muitas técnicas. Para inventar o tipiti, por exemplo, observaram a casca do peixe tamuatá. Pegaram o arumã e teceram. E assim tudo foi inventado.

Relato do senhor
Fortunato Candido Werekena, 71 anos

9

Observando a carapaça do tamuatá, os ancestrais dos Werekena criaram o tipiti como artefato utilitário ao processamento da mandioca

10

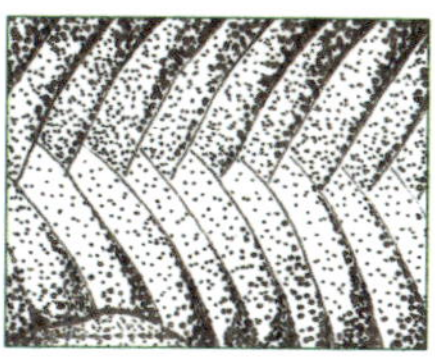

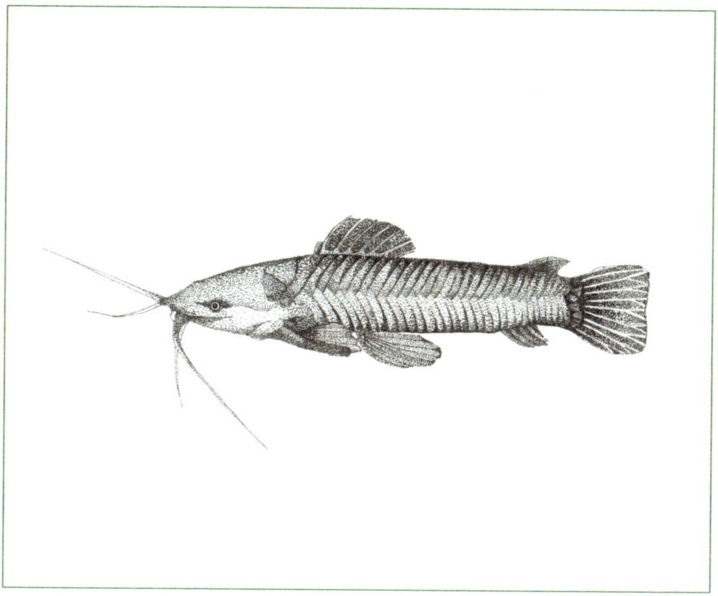

O DONO DA MANDIOCA

O dono da mandioca mora dentro da terra. Ele permanece sempre lá. Há outros donos que moram junto com ele. A gente não vê esses donos, são invisíveis para nós. O pajé nos explica como eles são e diz que são iguais a gente. Quem não tem pajé não consegue ver o dono da mandioca. Quem não tem pajé não o vê como gente, mas como uma pessoa muito feia. Ele aparece como uma minhoca ou como uma lagarta.

Se uma mulher com filho recém-nascido vai para a roça arrancar a mandioca, o dono pode fazer mal para ela ou à criança; pode roubar a alma da criança e da mãe, e elas não vão saber o que aconteceu. Por isso, é a avó da criança quem vai arrancar a mandioca para a filha ralar. Nossas avós já falavam para fazermos assim, e até hoje continuamos praticando isso. Se a mulher com o filho recém-nascido colher a mandioca, a criança vai chorar muito, porque vê o dono da mandioca com seu aspecto assustador. Somente os pajés podem curar essa criança.

Quando sonhamos, a gente vê o dono da mandioca como uma pessoa. Quando uma mulher sonha, o dono aparece como um homem. Quando um homem sonha, aparece como mulher.

Texto originalmente escrito em língua Wajãpi por Piu, Jamy e Apu'a Wajãpi, no livro Ijama'e kõ para as escolas de ensino fundamental da Terra Indígena Wajãpi, no Amapá. Tradução feita por Japu e Kawiri e editada por Dominique Gallois

MANDIOCA, UM PRESENTE ROUBADO

Entre os Bacairi, a história conta que o bagadu, peixe da família *Phractocephalus*, retribuiu um veado que salvara sua vida com mudas da mandioca que mantinha ocultas sob o leito do rio. O veado conservou a planta para alimentação de sua família, mas o herói Keri conseguiu pegar a semente da mandioca em posse do veado e distribuiu-a entre as mulheres da tribo.

Narrativa do povo Bacairi,
que vive no Mato Grosso
e fala uma língua pertencente
à família Karib

A MANDIOCA NA VERSÃO PARESÍ

Zatiamare e sua esposa, Kôkôtêrô, tiveram gêmeos: o menino Zôkôôiê e a menina Atiolô. A menina não falava, apenas assobiava, e era ignorada pelo pai. Amargurada pelo desprezo paterno, a menina pediu à mãe que a enterrasse viva. Ao fim de certo tempo resistindo ao estranho apelo, a mãe acabou atendendo a filha. Mas o calor do cerrado desagradou a menina. A mãe levou-a para o campo, mas o calor também não agradou a filha. Finalmente, foi enterrada na mata, do seu agrado. A menina recomendou à mãe que não olhasse para trás quando desse um grito. Depois de certo tempo, a mãe voltou ao local onde enterrara a filha e ali encontrou um belo arbusto. Kôkôtêrô, então, passou a cuidar da planta que veio a ser a mandioca.

O povo Paresí, cuja língua
é da família linguística Aruak,
vive no Mato Grosso

A MANIVA NÃO TINHA COMPANHEIRO

Com o aparecimento da primeira roça – redonda como as de hoje – e das plantas com seus nomes, a agricultura marca uma transição entre a humanidade do início dos tempos, que se alimentava dos recursos da floresta – animais ou vegetais – e os povos de hoje, que têm, entre outros atributos, o de consumir alimentos verdadeiros. Nos relatos do povo Tukáno, seja no mito do demiurgo Baaribó com seus ornamentos ou no relato da árvore derrubada no rio, com seus galhos cobertos de pulseiras, brincos e outras coisas, a origem das plantas é impregnada de uma dimensão estética, característica da humanidade e suporte da expressão da diversidade étnica:

> Havia, naquela época, vários tipos de maniva. Existiam, mas faltava o companheiro dela, ou seja, não havia nada para temperar o caxiri. Ele [Baaribó] se transformou numa árvore enorme, naquele pau de batata ou pau de alimento. Este pau é também conhecido como pau de massa de tapioca ou árvore de caroço de umari, porque dentro havia massa de tapioca e de caroço de umari. Na verdade, todas as plantas que servem hoje em dia para temperar o caxiri estavam dentro do tronco desse pau: havia, por exemplo, vários tipos de araruta (araruta média, araruta-do-pênis – o mais comprido – e araruta-de-anta); vários tipos de carás, tais como cará-de-japu, cará-corcundo, cará-de-pescoço-de-inhambu, cará-de-cuia, cará-de-espinho, cará-de-raiz. Havia também vários tipos de batatas tais como batata-do-pica-pau-pequeno, batata-de-mandioca, batata-de-ingá, batata-de-tatu, batata-do-dedo-do-pé, batata-de-cigarra, batata-preta, batata-branca, batata-vermelha, batata-de-gente, batata-ote,

batata-do-ar – essas batatas serviam também para temperar o caxiri.

Havia também vários tipos de milho: milho miudinho, milho-de-carajuru, milho-de-sapo-cururu (que é de tamanho médio), milho grosso e milho-do-diabo, que é o maior. Havia por fim sementes de bananeiras dentro do tronco do pau de alimento: banana-nanica, banana-inajá, banana-mel, banana-d'água, banana-cunuri, banana-cobra, banana-anta, banana-pacova, banana-peixe.

Naquela épcoa, os Desana tinham quatro tipos de machados: machado de pedra preta, machado de pedra branca, machado de pedra de quartzo branco e machado de ouro amarelo. Baaribó reuniu todos os moradores do mundo para derrubar o pau de batata. Cada um deles deveria dar um só golpe de machado nele.

Os representantes de todos os povos deram um golpe – Desana, Tukáno, Pira-Tapuia, Wanano, Juruti, Siriano, Baniwa, Karapanã, Maku. Vários animais vieram também. Todos eram Moradores do Mundo. A árvore caiu e os animais se precipitaram para pegar as frutas, menos a anta, que estava longe bebendo água no igarapé. Mas voltando, ela encontrou e engoliu a batata vermelha, o abacaxi, a cana-de-açúcar, o umari e o ucuqui. [Baaribó] os mandou preparar caxiri. Deu certo. O caxiri ficou muito saboroso.

Adaptação de Laure Emperaire
a partir de narrativa registrada
em GALVÃO E GALVÃO

2

O PLANTIO,
O PROCESSAMENTO
E OS PREPAROS

O PLANTIO TEM CIÊNCIA

Terra fofa para as raízes se espalharem; solo arenoso para drenar a água; e sol. Estão dadas as condições para o arbusto da mandioca crescer.

Generosa, a mandioca permite o crescimento de outras culturas em torno dela. As mais comuns: feijão e milho. Em regime de parceria, o abacaxi e a cana-de-açúcar são plantados por perto para matar a sede da mandioca, ensinam as agricultoras indígenas do rio Negro. A mandioca gosta de ser alimentada com matéria orgânica, mas não exige mais que capim seco se não houver outros restos, como no solo do semiárido.

No Nordeste, o arranjo espacial mais usual é intercalar a mandioca com o milho; nas laterais e nas linhas entre as fileiras, vem o cultivo de variedades de feijão (de arranque, macáçar e favas) e batata-doce, todas elas culturas anuais. As mandiocas, semiperenes, permanecem íntegras nos seus leirões até a colheita por volta de dez a dezoito meses após o plantio. O novo plantio deve ser realizado preferencialmente logo após a colheita porque, ao contrário das sementes usuais que podem ser armazenadas, a rama da mandioca é altamente perecível.

A mandioca é uma planta que pode permanecer saudável no solo por longos períodos. Desse modo, pode ser colhida gradualmente de acordo com a demanda familiar por alimentos, principalmente farinha.

No rio Negro – outro bioma, outros ecossistemas, outras tradições –, as agricultoras indígenas descrevem vários modelos de organização espacial do plantio das variedades de mandioca: por metade, em que as diversas variedades brancas são plantadas de um lado e as amarelas do outro; centrípeto, com as amarelas, que levam mais tempo para amadurecer, plantadas no centro, e as brancas, mais ricas em fécula e de maturação mais rápida, na periferia. Manivas específicas para o caxiri, meio aguadas, ficam à parte. Variedades mais precoces são plantadas mais longe dos troncos derrubados, para que seu crescimento não seja limitado pelas raízes das árvores. A variedade ainda determina se a estaca será plantada com apenas um broto visível ou já bem desenvolvido. O indicador da saúde da maniva é o leite, látex presente nas euforbiáceas, elemento que assegura força e vitalidade e cuja circulação garante um bom desenvolvimento. Quando a maniva não tem leite, ela "embira", dizem as mulheres.

Aprendemos mais sobre o plantio praticado pelas agricultoras por meio do Dossiê Iphan 19, cujas informações sobre o sistema agrícola indígena respaldam seu registro como Patrimônio Cultural do Brasil. A fertilidade do solo também influi sobre o modo de plantio: rama em posição oblíqua na terra recém-queimada, cheia de nutrientes; horizontal, no segundo ou no terceiro plantio. As cinzas que resultam da queima são espalhadas nos lugares a serem replantados. A primeira capina ocorre algumas semanas após o plantio e outra vez no ano. O número de limpezas aumenta com o grau de enfraquecimento das terras, levando a um trabalho quase ininterrupto de um ponto da roça a outro.

Abrir uma roça na mata é sinônimo da plena realização de um empreendimento e motivo de orgulho. Implica derrubar árvores de grande porte no machado – trabalho penoso e de longa duração. Por isso, seu tamanho também se expressa em dias de derrubada: uma roça de dezoito dias de machado. Depois, é preciso esperar a vegetação secar antes da queima, o que pode levar mais de mês, e mais um tempo para o plantio e as raízes amadurecerem. Isso vai em torno de um ano para a roça aberta na mata e oito meses na capoeira.

A autonomia alimentar de uma família é dada pelo manejo simultâneo de pelo menos três roças. A roça nova entra em produção ao cabo de seis meses a um ano; a roça madura, em geral aberta no ano anterior, ou com dezoito meses, assegura a parte mais importante da produção; e roças velhas, de mais de dois anos, que ainda produzem um pouco. Pequenas roças de capoeiras de alguns anos, além de produzirem um pouco, podem fornecer frutas. Esse mosaico de roças, capoeiras e florestas em vários estágios de regeneração dá uma profundidade temporal à paisagem cotidiana.

Após a queima, a terra adquire nova propriedade, a de fazer crescer plantas. A roça é um espaço produtivo feminino, fonte de alimentação e bem-estar para o grupo familiar e é designada pelo nome de sua dona.

No dia posterior à queima, na terra ainda quente, o primeiro ato da dona da roça é "fazer urubu": plantar uma dezena de manivas no centro da roça. Esse será o ponto nevrálgico, o olho da roça. É uma forma de apoderar-se do espaço recentemente desmatado, mostrando ao urubu – e demais pássaros – que ele não pode se apoderar da roça, defecar ali, espalhar sementes de mato. Essas primeiras manivas, plantadas algumas semanas antes do plantio geral da roça, servirão de guia para as demais. Depois disso, segue-se uma sequência natural de passar o material vindo das roças anteriores para a nova roça, incluir novas variedades obtidas dos familiares e vizinhos e descartar outras. Dessas roças anteriores, pedaços do caule são cortados e transportados até a nova roça; serão plantados uns três dias após a queima, quando a terra já tiver esfriado.

Após o plantio das mandiocas, a cana-de-açúcar, as bananas e os abacaxis formam o segundo grupo de plantas a serem repassadas das roças anteriores, o que só vai ocorrer no final do primeiro ano, para não competirem com as manivas pelos nutrientes.

Os abacaxis são plantados nas partes mais arenosas, e as bananas nas mais argilosas e mais bem queimadas da roça. Fileiras de abacaxis são usadas para marcar os limites entre roças de mãe, filhas ou noras.

As pimentas, que também são fundamentais para a alimentação indígena, são colocadas nos tocos das árvores, adubadas com cinzas, ou criadas perto de casa. O tabaco também é plantado nos pontos mais férteis.

Paulatinamente, o espaço da roça vai sendo completado com carás, batatas-doces, ariás, macoaris e outros tubérculos. Maxixe, melancia, jerimum e maracujá se espalham também entre os troncos derrubados.

A impressão é de um emaranhado de plantas e galhos queimados. No entanto, essa trama responde a um ordenamento ecológico. O resultado é uma matriz constituída por uma dezena ou mais de variedades de mandioca – brancas e amarelas – e no meio delas outras plantas, como pimentas, e cubius, entre outras. Ponto nevrálgico, no centro são colocados os "remédios da roça", plantas destinadas a dar força, vitalidade e produção às manivas.

No segundo ano, uma vez as manivas bem desenvolvidas, são plantadas fruteiras como abio, cajueiro, ingá, cucura, cupuaçu etc., desenhando já outro horizonte de produção para os dez anos seguintes, pois continuam dando seus frutos mesmo depois de a roça perder sua produtividade. Algumas frutíferas imponentes, como o umarizeiro ou o ucuquizeiro, são espécies florestais que indicam a presença de roças antigas. As frutíferas, plantadas na maioria das vezes pelo marido ou os filhos, marcam o início da reconquista do espaço por espécies arbóreas domesticadas, que progressivamente se entremearão às espécies silvestres que marcam a regeneração florestal, fechando o ciclo roça-floresta.

Quando maduras, as mandiocas são arrancadas por pequenas manchas, de 100 a 400 metros quadrados, em função das necessidades de produção de farinha. Uma roça toda replantada é chamada de "segundo replante", que é seguido de um terceiro replante e às vezes de um quarto, este já com fraco rendimento. Deixa-se de plantar naquele espaço, a roça velha torna-se capoeira, mas continua fornecendo frutíferas e servindo de reservatório de mudas e sementes. Algumas espécies, como a pupunha, o abiu, o umari, o cupuaçu, a castanheira ou os abacaxis, sobrevivem por mais de dez anos de regeneração florestal.

Outras, menos resistentes ao sombreamento, desaparecem sob a floresta. Após dez anos, no mínimo, uma nova roça de capoeira poderá ser aberta no mesmo local.

Para concluir, uma curiosidade em relação aos costumes indígenas no Rio Negro (AM): homens e mulheres estão atentos aos artefatos utilizados nas roças, pois, quando perdem ou extraviam um terçado, uma faca ou um pau de cavar, é um aviso de que alguma pessoa aparentada vai adoecer e depois morrer – ela some que nem o terçado.

Para reencontrar o objeto perdido há uma prática que consiste em amarrar os testículos do Jurupari:

> Pega um fio de "envira cabelo de mulher" e depois pendura no lugar onde acha que perdeu o terçado. Avisa Jurupari para botar para aparecer, se não vai doer muito (porque os fios começam a apertar os seus testículos). Ele fica cansado e com medo de que o saco caia, aí então vai mostrar para aparecer e o terçado aparece. (Moisés Gervásio, morador de Santa Isabel do Rio Negro, 2009).

OUTROS NOMES PARA:

A folhagem: copa da maniva, rama, folhagem, galha, ramagem, rama da maniva, rama da mandioca.

O caule: pau da maniva, pau da mandioca, haste, corpo de maniva, acha de maniva, caule da maniva.

A touceira: maniva, maniveira, árvore da mandioca, maniva, torceira de maniva, árvore da maniva.

O broto da manivas: grelo, olho, nó, broto, grume, bico, brolho, bolha.

A maniva: pau da semente, semente.

Os cortes da maniva: bico de gaita, chanfrado, enchanfrado, enviesado, enviesado, inviés, de viés.

Os plantios: roça, roçado, manival, mandiocal, tarefa de mandioca, roça de maniva, área de maniva, área de mandioca.

MUTIRÃO DE PLANTIO

POR MIGUEL CHIKAOKA

11

12

13

14

15

16

17

18

19

UM DIA DE CLAUDIA

POR BETO RICARDO
FOTOS PEDRO MARTINELLI

Tucumã-Rupitã é a comunidade Baniwa onde Claudia nasceu e onde foram registradas essas imagens, em maio de 1999. Fica na beira do Alto Rio Içana, no extremo noroeste do Brasil, fronteira com a Colômbia.

Naquele dia, Claudia fez o que lhe cabia fazer: arrancar raízes de mandioca-brava (*káini*) e transformá-las em comida, aos costumes. Jornada duríssima. Levantou de madrugada, ainda escuro, preparou mingau, serviu aos filhos e ao marido, apanhou terçado e aturá (*tsheeto*) e seguiu para a roça (*kenike*). Foi acompanhada pela mãe e levou consigo duas filhas, Adriana, de seis anos, e Silvana, recém-nascida. Igor, de quatro, ficou com o pai.

Remou duas horas rio acima, entrou no igarapé Pamaali, deixou a canoa no porto, subiu o barranco até chegar à roça de terra firme. Arrancar as raízes foi tarefa especialmente pesada porque se tratava de uma *heéñami*, roça velha, já encapoeirando. Seria mais fácil numa *maaleri*, roça madura, ou *walikawaire*, roça nova.

Houve tempo, no começo do mundo, quando Kaali andava na terra, que as mulheres não sofriam no trabalho da roça e processamento da mandioca. Bastava marcar terreno e surgia uma roça. Bastava fazer o aturá e deixá-lo na roça a caminho do igarapé para se banhar, que ele surgia na comunidade, lotado de mandiocas já descascadas! As mulheres só faziam imaginar e tudo acontecia nos conformes, até mesmo beiju pronto para comer. Hoje os mais velhos ainda lembram das frases certas, orações evocativas para esses verdadeiros milagres. Mas a curiosidade dos humanos – que tentavam desvendar o que se passava nas roças de Kaali – estragou tudo e, aos poucos, eles foram sendo castigados, perdendo os privilégios, condenados a trabalhar duro. Os homens pagaram primeiro e houve um tempo que a eles cabia o trabalho da roça e do processamento da mandioca. Dizem que foi nesse tempo que os homens ficaram com a parte interna do braço chata, de tanto raspar mandioca.

Mas o herói ancestral Baniwa retomou a ordem, e a divisão sexual do trabalho foi instituída. No tempo de verão – de dezembro a março –, derrubar e queimar, trabalho masculino; plantar e limpar, coletivo. Tudo que vem depois de nove meses, quando as raízes já estão maduras, fica por conta das mulheres.

Nas roças Baniwa há grande variedade de mandiocas-bravas, derivadas da árvore ancestral (*kaalika ttaadapa*) que Kaali deixou na terra, antes de partir. Derrubada pelos filhos do trovão, seus galhos foram levados, originando a diversidade de plantas úteis que os Baniwa conhecem. Somente nas roças situadas na área de domínio da comunidade de Tucumã-Rupitã, cerca de sessenta variedades foram relacionadas. Cada uma tem um nome próprio: *aalidalíke* (tatu), *awiñáke* (uacu), *daapáke* (paca), *dapike* (cipó), *dopalíke* (araripirá), *dzamolitoke* (caitetu), *dzaapáke* (tucunaré), *dzaawatóke* (acará), *dzaike* (tipo grilo?), *dzeekáke* (seringa), *dzoottalike* (jacundá preto), *eeritoke* (acará), *guenieroke* (guainia), *hemalíke* (abiu), *heemahiwidake* (cabeça de anta), *hiiniríque* (ucuqui), *hiipadáke* (pedra), *ipohiwidake* (cabeça verde), *iikolíke* (cabeçudo), *iitsíke* (guariba), *iirakawanake* (braço vermelho), *itsidáke* (jabuti), *kabike* (peito de gente), *kamheróke* (cucura), *kapíwali* (macaxeira), *kedehakeke* (de sujo?), *keeríke* (lua), *keniki-ikínarke* (espelho?), *kerekeréke* (periquito), *kettinalike* (jacundá), *koliríke* (surubim), *kowaiadake* (tipo de castanha), *kumaruke* (cumaru), *liewhéke* (ovo de cabeçudo), *maapake* (cana-de-açúcar), *moóneke* (mamangaba), *manakheke* (açaí), *mapharáke* (pirarara), *mheettike* (goma, tapioca), *ñamaroke* (arraia), *omaíke* (piranha), *palanáke* (banana), *parawitsike* (pirarucu), *patipitike* (sobrancelha?), *pidooke* (lontrinha), *pirimítsike* (samaúma), *piipiríke* (pupunha), *ponámake* (patauá), *pooperike* (bacaba), *taalíke* (aracu), *waarhéke* (uará), *wadólike* (pirarucu), *waliitshíke* (mucura), entre outras.

Arrancar a raiz, transportar, lavar, descascar, ralar para fazer a massa, peneirar e preparar a comida, assunto de mulher. À tradicional cestaria de arumã e aos ralos esculpidos em madeira com pedrinhas incrustadas se juntaram o forno de ferro, as bacias e panelas de alumínio, compondo a tralha contemporânea e indispensável da culinária Baniwa, baseada no peixe e nos derivados da mandioca-brava: mingaus (*kamorikaa*), beijus (*peéthe*) e farinhas (*matsoka*).

Massa misturada com diferentes doses de mandioca mole ou puba (que ficou de molho no igarapé, fermentando por uma semana), passada pelo tipiti e pela peneira, vira beiju ou farinha. Tem peneira para farinha (urupema), mais aberta, e peneira para beiju (*dopitsi*). Beijus e farinhas se assam em grandes tachos de ferro, com fogo de lenha leve, usando abano de arumã para virar.

Com pouca massa mole fermentada adicionada à massa fresca, o beiju fica doce (*poottidzaite*); se a dose for maior, ficará azedo (*kamaite*). Para as crianças bem pequenas, faz-se *molhoiwa*, beiju de pura mandioca amolecida na água, mandioca d'água. A massa fresca logo depois de ralada, se não vai para o tipiti, pode ser lavada com água usando um cumatá, peneira de trançado bem cerrado; a mistura fina cai numa bacia onde decanta: embaixo a goma, em cima o líquido venenoso. Goma pura, bem seca e peneirada, vira farinha de tapioca, curadá, tapioquinha. O líquido bruto da mandioca-brava ralada (*kainia*) tem veneno, que evapora depois de duas horas de fervura, transformando-se em *kainia pomakadali*, adocicado. Pode ser engrossado com goma ou receber a mistura de batatas, bananas, caroço de umari ou uacu. Adicionando-se farinha, vira um chibé especial. Chibé é qualquer mistura de farinha com água, complemento obrigatório depois de uma refeição, refeição mínima, oferecimento de boas-vindas.

Goma misturada com massa fresca serve para fazer beijus especiais (*mheetthiwa*), adicionando-se vários ingredientes, como a castanha uará e o caroço de umari.

Há vários tipos de acabamento para os beijus. *Patsimeete* é um beiju fresco, mole, que permanece assim por um dia e depois fica mais duro (*marameete*). Mas o beiju pode sair direto do forno para secar sob ação direta do sol, num jirau ou nos telhados de palha de caranã das casas, transformando-se em *tarhewali*, que pode durar até dois meses, modalidade apropriada para viagens longas, como as que os homens Baniwa que vivem no Brasil fazem durante a safra da piaçava na Colômbia, por exemplo.

A combinação dos derivados da mandioca com os peixes resulta em outras cuias da tradicional culinária Baniwa. *Dzalikhaa* (mojica) se faz com peixe fresco cozido inteiro, macerado, cujo caldo misturado com goma, farinha ou beiju resulta num pirão grosso. *Ttimapa* (quinhapira em língua geral) é um caldo de peixe com pimenta. *Piraali* é um cozido de folhas de mandioca com ou sem peixe.

Os mingaus podem ser feitos com beiju (sem sal), com farinha (com e sem sal) ou com tapioca (com e sem sal). Pode-se misturar vinho de buriti, bacaba, patauá, açaí, ucuqui, umari, banana, abacaxi.

Em fevereiro de 2003, reencontrei Claudia, naquela época com 26 anos, morando em São Gabriel da Cachoeira, com mais traquejo no português, embalando Gabriel na rede, o quarto filho. Ela se mudara para a cidade com André Fernando, seu marido, dirigente da Organização Indígena da Bacia do Rio Içana, por conta do trabalho em um entreposto de comercialização de cestaria de arumã e outros projetos de interesse dos Baniwa. Visitam Tucumã-Rupitã regularmente, mas ela não sabe se voltarão a morar lá, onde o mato já comeu sua roça. Claudia trouxe manivas (*kenikhee*) consigo e toda semana atravessa o rio Negro de canoa para trabalhar na roça de sua sogra e no forno de farinha de sua tia, na comunidade lamado, dentro da terra indígena demarcada. Afinal, Baniwa gosta de beiju, de farinha e de chibé. A tapioca que sobra, ela vende na rua e depois vai ao supermercado.

BETO RICARDO

Antropólogo do Instituto Socioambiental
Colaboraram com o texto: Claudia, André, Irineu e Laure

PEDRO MARTINELLI

Fotógrafo independente desde 1994

20

21

22

23

24

25

26

27

28

29

30

A DIVERSIDADE DAS VARIEDADES E DOS NOMES

POR ANA LAURA MANTOVANI

Parece simples definir o que é mandioca, mas é algo que pode se complicar se formos levados a distinguir o que é macaxeira, aipim, uaipi, mandioca-doce, mandioca-mansa, maniva, maniveira, pão-de-pobre, mandioca-brava e mandioca-amarga e assim por diante.

No Mercado Ver-o-Peso, em Belém, você vai ver cestos imensos com folhas desidratadas e picadas identificadas por maniva, matéria-prima de um prato tradicional no Pará, a maniçoba. Na região do Rio Negro, noroeste amazônico, as agricultoras indígenas dirão que maniva é a mandioca usada para fazer farinha e tirar a goma. Já na maior parte do Brasil, maniva é um segmento do caule da planta utilizado como propágulo para ser plantado no solo. Na roça, a mandioca não é reproduzida pela semente, mas por meio da maniva, também conhecida por rama em algumas regiões.

Os termos de maior consenso e mais ou menos conhecidos de norte a sul são "mandioca-brava" e "mandioca-mansa". Ambas são a espécie botânica *Manihot esculenta*, mas a brava tem alto teor de ácido cianídrico; a mansa, bem menos. As bravas são destinadas à produção de farinhas, mingaus e beijus; as mansas podem ser consumidas logo depois de arrancadas, desde que cozidas.

Arriscando uma generalização, podemos dizer que o que é enunciado como "mandioca" entre os falantes do português de São Paulo, Minas Gerais e Espírito Santo é chamado de "macaxeira" em toda a Amazônia e no Nordeste, e de "aipim" do Rio Grande do Sul ao Rio de Janeiro e na Bahia.

Até aqui, nos restringimos apenas à distinção entre mandiocas-bravas (mandioca) e mandiocas-mansas (macaxeira ou aipim). Também é importante destacar a classificação das variedades existentes para cada uma delas.

Uma das definições para "variedade", de acordo com a botânica Laure Emperaire, é "um conjunto de indivíduos com características morfológicas suficientemente próximas, e suficientemente diferentes das de outros conjuntos, para que constitua uma unidade de manejo e seja reconhecida por um nome que lhe seja próprio". Ela detectou entre agricultoras indígenas de uma comunidade do Médio Rio Negro (AM) que as mandiocas-bravas são uma categoria em si, reunidas pela mesma designação: maniva. As mandiocas-mansas, por sua vez, são inseridas na categoria de tubérculos junto com carás, batatas etc. e são designadas "frutas". Ou seja, macaxeiras são frutas e mandiocas são manivas! Será que essa distinção ocorre pelo fato de as macaxeiras terem sido introduzidas só a partir do século 20 e são consumidas assim que colhidas e cozidas, nos perguntamos? As manivas ou mandiocas, em todo caso, exigem um complexo processo de desintoxicação da planta e constituem um dos elementos estruturantes do sistema agrícola do rio Negro, explica a pesquisadora.

Os povos Baniwa, Tukano, Desana, Baré e outros que também vivem na Bacia do Rio Negro cultivam mais de cem variedades de manivas, cada uma com suas características e seus nomes próprios. Numa única roça podem conviver mais de quarenta variedades. Tanto que Geovane Carneiro, chef de cozinha no restaurante D.O.M., em São Paulo, baiano de Conceição do Coité (BA), consegue de uma só lapada se lembrar do nome de cinco variedades de mandioca (amarga) e outras sete de macaxeira.

Pesquisas realizadas com variedades de mandiocas vêm demonstrando que pode haver estreita correspondência entre o sistema classificatório dos agricultores e os obtidos por meio de parâmetros genéticos. Tratar da diversidade de variedades expressa a abrangência do termo e suas implicações práticas e teóricas.

As variedades vão surgindo graças ao manejo de agricultoras e agricultores. Uma viagem, um passeio a outros povoados ou aldeias, uma visita a comadres e compadres, a descoberta de uma planta diferente no quintal de vizinhos, tudo é convite a que novas variedades sejam trazidas e plantadas em casa e incorporadas ao acervo de uma determinada família em sua comunidade.

Diversos critérios pesam na escolha do que se adquire ou se presenteia: a produtividade, a cor, o gosto, a facilidade de descascar, o teor em fécula, o tempo de maturação, a resistência a pragas e predadores. A partir daí, as plantas podem receber novas designações que não só evidenciam suas peculiaridades como diferenciam as variedades introduzidas das locais.

O cruzamento entre variedades é outro importante vetor de diversificação das mandiocas e macaxeiras. Nas capoeiras, isso pode acontecer espontaneamente quando as plantas produzem flores e frutos, cruzando entre si e originando novas variedades. Mas seu futuro enquanto nova variedade dependerá do olhar e da iniciativa de quem a identificou e se dispôs a testar suas qualidades. Essa nova planta passa a fazer parte da coleção de variedades locais caso venha a atender expectativas relacionadas a sabor, produtividade, tempo de cozimento ou outra característica desejável.

Assegurar variedades num mesmo cultivar favorece a segurança alimentar, já que torna todo o sistema agrícola mais resiliente. Daí haver mandiocas que resistem a estiagens prolongadas e outras a grandes quantidades de chuva.

Centros de pesquisa como a Embrapa, que estudam variedades de mandiocas e macaxeiras, mantêm bancos de germoplasma e fazem seleções genéticas que atendem a características desejáveis – produtividade, resistência a pragas, sabor e, evidentemente, mercado.

A consequência é a perda de diversidade e a difusão de poucas variedades consagradas como "mais produtivas". Fala-se, aqui, de erosão genética. O patrimônio ambiental e cultural de sucessivas gerações de agricultores a quem devemos a multiplicação e a conservação da diversidade das plantas fica ameaçado. O empobrecimento do capital biológico e cultural construído em anos de experiências e práticas resulta da fragilização dos sistemas tradicionais de produção agrícola. Todos perdem: a sociedade e a agrobiodiversidade.

ANA LAURA MANTOVANI

Ecóloga, artesã e herborista

TERRA INDÍGENA PANARÁ (MT E PA)

Nomes de variedades de mandioca (*kwyy*) cultivadas pelo povo Panará. As informações foram retiradas de Bechelany e Sturlini, e a grafia da língua foi definida por Bernat Bardagil-Mas e Myriam Lapierre.

impe
Mandioca verdadeira para *kjãpo* do dia a dia e de festa e o *kwyysõ*, outro tipo de beiju.

kârânprâ
Mandioca de raiz bem vermelha, para *kjãpo* e farinha.

kâtâti
Macaxeira de raiz amarela assada diretamente no *kjê* (forno de pedra).

kjãnsi
Mandioca com tubérculos grandes. Usada para *kjãpo* e *sunmro*, um beiju de massa pubada feito na panela; chamado também de "pão xinguano".

krejya
Mandioca para *kjãpo* e farinha.

krensy
Mandioca de polvilho, boa para fazer beiju branco.

pârijy
Mandioca para farinha e *kjãpo*.

saajy
Mandioca para farinha bem amarelinha.

saakĩãn
Mandioca (de ramas curtas) para beiju tradicional – o *kjãpo* amarelo – feito no forno de pedra.

saapôa
Mandioca doce que tem o caldo clarinho, bom para o *kwyyankô*.

saapôa
Mandioca para farinha clarinha.

sajakĩã
Mandioca de rama preta para fazer *kjãpo* como os dos Kawaiweté.

sajanprâ
Mandioca de rama avermelhada para fazer *kjãpo*.

sajanprâa
Mandioca doce de ramas brancas. Tem o caldo bem vermelho. Bom para *kwyyankô*.

MÉDIO E ALTO RIO NEGRO (AM)

Os inventários de nomes listados nesta e nas próximas páginas foram extraídos do Dossiê Sistema Agrícola do Rio Negro, formulado para conduzir o processo de registro deste sistema como Patrimônio Cultural do Brasil pelo Iphan, deferido em 2010. O embasamento para a defesa da patrimonialização resultou de ação coletiva entre populações indígenas da Bacia do Rio Negro e suas associações representativas, trabalhando como parceiras no projeto Populações, Agrobiodiversidade e Conhecimentos Associados (Pacta), iniciado em 2005 no âmbito do convênio entre a Universidade de Campinas, o Conselho Nacional de Pesquisa e o Institut de Recherche pour le Développement, com a retaguarda do Instituto Socioambiental e da Diretoria de Patrimônio Imaterial do Iphan.

Nomes enunciados em português e/ou em nheengatu por quatro agricultoras da Comunidade Tapereira em levantamento feito por Laure Emperaire e Florence Pinton (IRD) entre 1995 e 1996.

- açaí
- acará
- amarelão
- arraia
- bacaba
- bacurau
- baixinha
- barcelos
- branquinha
- buya (cobra)
- cacau
- çakáy (galho seco)
- carioca
- chorona
- comandante
- cor-de-rosa
- cucura
- cunhado malave (sem tradução)
- dabiru
- do pará
- esteio
- fino
- inajá
- jabuti
- japurá
- juriti
- juruna
- kaipara (sem tradução)
- kumã (sorva)
- kupixá-ima (sem roça)
- lito (sem tradução)
- mamaruka (sem tradução)
- manaquiri
- manipeba
- manteiguinha (macaxeira)
- maranhão
- mucura branca

ouro
paku
pakuá (banana)
pão (macaxeira)
periquito
pindaiwa (caniço)
pirabúxu (bucho de peixe)
piririka (sem tradução)
pixuna (preta)
pretinha
rosa (macaxeira)
roxinha
sacaí
samaúma
seis meses
sem nome (macaxeira)
sem nome (macaxeira)
semente
surubim
taboca
tapa (tipo de formiga)
trovão
tukano
uariá
uru (pássaro)
warurá (espelho)
yamúrube (sem tradução)
yumaci (fome)
yurará (tartaruga)

Nomes de manivas enunciados em português e/ou nheengatu por nove agricultoras da etnia Baré da aldeia Tabocal dos Pereira em levantamento feito por Laure Emperaire (IRD) e Lúcia van Velthem (MPEG), em 1999.

abiu
açaí
akará (acará)
araku (aracu)
arara
arraia
awaiti (milho)
baixo
cacau
cachimbo
cachimborana
çakáy (duro)
castanha
ceça pui (olho miúdo)
cubiu
cucuí
cucura
do pará
duá (sem tradução)
duo (macaco da noite)
guariba
hipolenari

ia (semente)
inambu
irapuka (irapuca)
iwa-pixuna
kambi (peito)
kariba
kumã (sorva)
maku
miriti
morena
mucuim
mulata
paca
pacuá mirim (bananinha)
pakuá (banana)
patauá
periquito
pindaíba (varejão)
pirabúxu
piramiri (tipo de peixe)
pombo
puraquê
samaúma
solimões
supiá (ovo)
surubim
tapira (anta)
tatu
timbó
traíra
tucumã
tupana
wará (tipo de árvore)
yauti (jabuti)
yu'í (rã-jiá)
yurará (tartaruga)
zabe (sem tradução)

Nomes de manivas enunciados em língua baniwa por seis agricultoras das comunidades Tucumã-Rupitã e Juivitera, no rio Içana. Levantamento feito por Laure Emperaire (IRD) e Lúcia van Velthem (MPEG), em 1999.

aalidalike (tatu)
awiñáke (uacu)
baixo
daapáke (paca)
dapike (cipó)
doopoke (calango)
dopalíke (araripira)
dos puinave
dowiritíke (peixe espada)
dzaapaka (tucunaré)
dzaawatóke (acará)
dzaike (grilo)
dzamolitoke (caitetu)

dzeekake (seringa)

dzeemake(cachimbo/tabaco)

dzoottalike (jacundá preto)

eeritoke (acará)

eewakeke (amarela)

guenieroke (guainia)

haalepeke (branca)

heemahiwidake (cabeça de anta)

hemalíke (abiu)

hiiniríke (ucuqui)

hiipadáke (pedra)

hipohiwidake (cabeça verde)

hpaalike (joelho)

iikolíke (cabeçudo)

iirakawanake (braço vermelho)

iitsíke (guariba)

itsidáke (jabuti)

kabike (lg, peito de gente)

kambike (lg, peito de gente)

kamheróke (cucura)

kapíwali (macaxeira)

kedehakeke (de sujo)

keeríke (lua)

keniki-ikínarke (espelho)

kerekeréke (periquito)

koliríke (surubim)

kowaidake (tipo castanha)

kumaruke (lg, cumaru)

liewhéke (ovo de cabeçudo)

maakulike (maku)

maapake (cana-de-açúcar)

makua (prov. lg, tubérculo alimentício)

manákheke (açaí)

mapharáke (pirarara)

maporottike (fruta de umiri)

mheettíke (tapioca)

moónoke (mamangaba)

ñamaroke (arraia)

omaíke (piranha)

palanáke (banana)

parawitsíke (piaba)

patipitike (sobrancelha)

phirimaapake (urucu)

pidooke (lontrinha)

piipiríke (pupunha)

pirimítsike (samaúma)

ponámake (patauá)

pooperike (bacaba)

seis meses

taalíke (aracu)

taapake (caba com colmeia em forma de beiju)

uwanikuke (joanico)

waapewíke (jebaru)

wadólike (pirapucu)

waliitshíke (mucura)

Nomes de manivas (*dɨkɨ*, em tukano) enunciados em português e/ou tukano por doze agricultoras das comunidades Iauareté e Loiro, no rio Uaupés, Terra Indígena Alto Rio Negro (AM) em levantamento feito por Laure Emperaire (IRD) e Lúcia van Velthem (MPEG), em 1998.

- ãhâ dɨkɨ (inambu)
- ãhû dɨkɨ (beiju)
- ãhû-põ'ra dɨkɨ (pequeno beiju)
- akê dɨkɨ (macaco)
- a'musü dɨkɨ (mucuim)
- basoti dɨkɨ (baixinho)
- ba'ti dɨkɨ (sardinha)
- betá dɨkɨ (tucum)
- bi'ɨ dɨkɨ (piranha)
- bi'î dɨkɨ (rato)
- bo'tea' dɨkɨ (aracu)
- branco dɨkɨ (maniva branca)
- buhâ dɨkɨ (pombo)
- bu'sá dɨkɨ (samaúma)
- bu'u dɨkɨ (tucunaré)
- caroço de umari
- castanha dɨkɨ (castanha)
- da colômbia dɨkɨ
- darî dɨkɨ
- de barcelos dɨkɨ
- de benedito dɨkɨ
- doê dɨkɨ (traíra)
- duabê dɨkɨ
- duhî dɨkɨ
- eheû dɨkɨ (timbó)
- etoâ dɨkɨ (cubiu)
- ikî dɨkɨ (inajá)
- ikî peri dɨkɨ (caroço de inajá)
- irapuka dɨkɨ (irapuca)
- ɨ̈rê dɨkɨ (pupunha)
- ɨ'sê dɨkɨ (cucura)
- ɨ'tâ'-yimi dɨkɨ (sorva)
- iwa-pixuna (parecido com)
- kabucuena dɨkɨ (kabucuena)
- kape-biá diki (abelhazinha)
- kã'rê dɨkɨ (abiu)
- macaxeira dɨkɨ (macaxeira)
- masa b'ho dɨkɨ (masa b'ho)
- meka'di'arã dɨkɨ
- miô-wa'i dɨkɨ (matrichã)
- mipî dɨkɨ (açaí)
- mipíá dɨkɨ (quatis)
- ne'ê dɨkɨ (buriti)
- noiã dɨkɨ (carajiru)
- nuniná dɨkɨ (pium)
- ohô burkisé dɨkɨ (banana branca)

ohô dɨkɨ (banana)

omâ dɨkɨ (rã)

o'ôri dɨkɨ (flores)

pak´ɨ mariró dɨkɨ (sem pai)

pamô bere dɨkɨ (tatu queimado)

pamô dɨkɨ (tatu)

pamô pïkôro dɨkɨ (rabo de tatu)

papu buhtisé dɨkɨ

patî dɨkɨ (tipo de seringuinha)

pekâ dɨpɨri dɨkɨ (pau seco)

pekâsãa dɨkɨ (dos brancos)

pïro dɨkɨ (cobra)

pisána dɨkɨ (gato)

pohk'ko dɨkɨ

pupiâ dɨkɨ (ucuqui)

rainha de maniuara

seis muhi-püuri dɨkɨ (seis meses)

semê dɨkɨ (paca)

sentar (que desceu, que sentou)

sëra dɨkɨ (abacaxi)

simió dɨkɨ (uacu)

sõ'â dɨkɨ (vermelho)

to'â dɨkɨ (iwa-pixuna)

tronco branco

ua dieri dɨkɨ (ovos de tartaruga)

uhú dɨkɨ (pacu)

ûhuri dɨkɨ (jabuti)

wahâ-too dɨkɨ (cuia)

wamî (umari)

wamî pe'toro dɨkɨ

wapî dɨkɨ (cunuri)

wãriá dɨkɨ (acarás)

wasô dɨkɨ (tipo seringa)

wetá dɨkɨ (tapioca)

wɨ̈rî dɨkɨ (preguiça)

xurimã dɨkɨ (xurimã)

yã'iro' dɨkɨ (uariá)

yamã (veado)

ya'mû dɨkɨ (cará)

yã'pá dɨkɨ (rã-jia)

yehõ dɨkɨ (pirandira)

yesê dɨkɨ (queixada)

yiîru dɨkɨ (besouro)

yoasõ dɨkɨ (calango)

yukɨ dɨpîri dɨkɨ (galhos de árvore)

yumû dɨkɨ (patauá)

yurará dɨkɨ (tracajá grande)

Nomes de manivas enunciados em português e/ou nheengatu por agricultoras do município de Barcelos em levantamento feito por Sylvain Desmoulières (IRD), em 1998.

- açaí
- amarelinha
- antinha pequena
- arauari
- arixara (macaxeira)
- baixinha / baixotinha / baixote
- batata
- chorona
- coró-coró
- curumi
- curumi branca
- do pará
- espelho
- gigante
- gigante (macaxeira)
- índio amarelo
- índio branco
- mamaruka
- manaquiri
- manipeba
- manteiga (macaxeira)
- nará
- orelha de burro
- paca
- pretinha
- puli
- puli branco
- pupunha
- quatro meses
- roxa (macaxeira)
- roxinha
- seis meses amarela
- seis meses jufari
- sem nome, de cor branca
- seraima
- surubim
- taipara
- tartaruga / tartaruguinha / yurará

31

Algumas das centenas de variedades de manivas da região do Alto Rio Negro, ilustradas por Feliciano Lana, do povo Desana e morador de São Gabriel da Cachoeira (AM)

32

VALE DO RIBEIRA (SP)

Nomes registrados pelos pesquisadores quilombolas Ivo Santos Rosa (Quilombo Sapatu), Vanessa de França (Quilombo São Pedro), Brian Cunha de Almeida e Dafne Isabel C. de Almeida (Quilombo dos Pilões), Maria Tereza V. Mota (Quilombo Nhungara), Jairo A. Pereira (Quilombo Morro Seco), e Edilaine A. Gomes e Laíde Ursulino (Quilombo Bombas), orientados por Alexandre Kishimoto e Frederico Viegas (ISA), e Pedro Jovchelevich (Associação Biodinâmica), em pesquisa realizada entre 2015 e 2016 para compor dossiê visando o reconhecimento do Sistema Agrícola Tradicional das Comunidades Quilombolas do Vale do Ribeira, como Patrimônio Cultural Brasileiro.

MANDIOCAS
amarela
amarelinha
cacau (em risco de perda)
casca-roxa (em risco de perda)
embiruçu
frita sem cozinhar
gema de ovos amarela
joão grande
manteiga
pão
pão do céu
penaju
roxa
roxa preta
roxinha
ruivinha (em risco de perda)
santa catarina
são pedrão
são pedrinho
vassourinha

AIPINS
amarela
amarela massa pão
branco
casca rosa amarela

AGRESTE DA PARAÍBA

Nomes informados por agricultores de Remígio (Sítio Macaquinhos), São Sebastião de Lagoa de Roça (Assentamento Maria Moraes) e Montadas (Sítio Campos, Comunidade de Montadas de Baixo), em levantamento feito por Ana Laura Mantovani, em 2008.

MANDIOCAS-MANSAS
abacate
amazonas
bahia
branca
cacau
engana ladrão
isabel de souza
manteiga
ouro
pão da tarde
pão do chilo
pernambucana
rosa
rosinha
são miguel
sedinha
seis meses
vermelha ou antiga
vinagre

MANDIOCAS-BRAVAS
alagoa
alagoa branca ou preta
caboclinha
calito (ou calipe)
cangaíba branca ou preta
cariri
cariri branca ou preta
casca de peba
cruvela
ferro branco
gaúba
gaúba branca ou preta
guarajuba (ou guaraju)
guaraju branca ou preta
joão grande
landi
mandioca branca
manipeba branca ou preta
manivainha
manivainha branca ou preta
não tem (ou saco nas costas)
monge
olho de urubu
olho verde
olho verde branca ou preta
pornúncia
sutinga
suturna

A

B

C

D

E

F

G

H

I

J

K

L

M

N

O

P

Q

R

S

T

U

V

W

A	Antiga Vermelha
B	Calito
C	Cangaíba Branca
D	Casca de Peba
E	Cruvela
F	Engana Ladrão
G	Ferro Branco
H	João Grande
I	Lagoa Preta
J	Landi
K	Macaxeira do Vô
L	Manipeba 1
M	Manivinha Branca
N	Monge
O	Olho de Urubu
P	Olho Verde Branca
Q	Olho Verde Preta
R	Pernambucana
S	Rosa
T	Sedinha
U	Sem Nome
V	Sem Nome 2
W	Suturna

MANDIOCA É MAIS QUE SIMPLESMENTE MANDIOCA

Geovane Carneiro, chef no restaurante D.O.M., em São Paulo, nasceu no povoado de Alto Bonito, em Conceição do Coité, interior da Bahia. Por ser o filho mais velho, trabalhou com os pais na roça e na farinhada. Quando ele narra as etapas básicas e os respectivos instrumentos para o processamento da mandioca, vemos que a tradição indígena está presente na técnica e nos nomes de alguns artefatos, alterados apenas pelo tempero do sotaque e dos regionalismos.

A começar pelo fato de que fazer farinha em Alto Bonito também é trabalho coletivo. Homens, mulheres e crianças se reúnem na "ajuita" (a esposa de Geovane chama esse mutirão de "ajutório", porque ela é de outro município baiano). Ajutório, aliás, era o termo usado pelos Tupiniquim do Espírito Santo antes de conhecerem a palavra mutirão, agora adotada por força do jargão associativista. Na terra do Geovane, a mandioca sai da roça dentro de balaios que as mulheres carregam na cabeça protegida por uma rodilha. Na casa de farinha, as raízes não são descascadas, mas raspadas; em seguida são cevadas no rodete ou moídas em moinho, a massa sendo recolhida em um cocho – designação que parece ser nacional até segundo aviso.

A próxima etapa é prensar a massa que foi acondicionada em sacos grosseiros, de estopa, algodão ou plástico trançado, sobrepostos e intercalados por uma grade. Um cepo grande e pesado é colocado por cima de tudo, e um fuso girado por manivela operada por pelo menos dois homens ou por roda puxada pela força animal (burro ou jegue) vai acochando os sacos para que o caldo escorra pelas tramas da sacaria.

Depois, as mulheres passam a massa úmida na arupema de taboca ou de arame. A crueira é jogada para as galinhas e o resto vai para o torrador, sendo revolvida com um rodo de cabo grande até ficar bem seca e solta.

Geovane vive há mais de 25 anos em São Paulo. Tudo o que foi relatado acima está vivo em sua memória, mesmo porque, quando vai para a Bahia visitar os pais, as casas de farinha estão ali a pleno vapor.

Podemos admitir com tranquilidade, então, que arrancar a mandioca da terra, descascar, retirar o sumo, peneirar e torrar são cinco etapas rigorosamente seguidas, nessa ordem, na produção artesanal da farinha de mandioca. Em todo o Brasil. O que varia é a tecnologia e as peculiaridades culturais na organização do espaço social e do trabalho das famílias envolvidas.

Textura, tonalidades, granulação e sabor da farinha serão certamente influenciados pelos saberes das culturas locais. Mais adiante, Neide Rigo vai nos contar um pouco mais sobre isso.

Tudo acontece na casa de farinha, como é chamada na agricultura familiar de boa parte do Brasil. Mas pode ser retiro ou farinheira; ou ainda engenho de farinha, nome que recebe em Santa Catarina. Muda o nome, mas a função é a mesma. A casa de farinha é o ponto de articulação entre a roça e a mesa.

33

Boninal, Chapada Diamantina (BA)

34

Terra Indígena Tremembé de Almofala, Itarema (CE)

35

Nas comunidades tradicionais é comum que homens e agregados participem de algumas etapas consideradas mais pesadas: transportar a mandioca da roça até a casa de farinha, trazer a lenha para a torra, girar a moenda ou ralar a raiz nos caititus elétricos e, finalmente, torrar a massa no forno. Descascar e peneirar são atividades que podem receber ajuda das crianças. Nas comunidades indígenas amazônicas, produzir farinha é uma atividade que engaja sobretudo mulheres e filhas, em todas as etapas, o que não exclui a participação dos maridos e filhos.

Em todos os lugares onde a produção de farinha ainda é artesanal, o processamento da mandioca envolve um conjunto de artefatos recorrentes a todo engenho. Cestos, facões ou faquinhas, raladores, cochos, peneiras, espremedores e prensas se configuram ao seu lugar de uso em função de elementos culturais que transformam as matérias-primas locais, adaptam conhecimentos para criar e renovar tecnologias. Se em regiões de floresta densa ainda se usa cestos cargueiros para transportar as raízes da roça até a casa de farinha, na caatinga, no cerrado, nos campos ou nas regiões já desmatadas, tratores, carros de boi ou charretes facilitam a labuta. A maioria dos artefatos fica acondicionada na própria casa de farinha, quase que um organismo indissociável do seu conjunto de membros. A diversidade está nos nomes, mas as funções são onipresentes.

OUTROS NOMES PARA:

Os cestos cargueiros: caçuá, jamaxim, jamanxim, balaio, jacá, cerão, grajaú (este, anotado em Bragança, no Pará)

As casas de farinha: engenho de farinha, casa de forno, forno, farinheira, barraca de forno, retiro, quitungo (este, anotado em comunidades indígenas e quilombolas no Espírito Santo e sul da Bahia)

O local de pubar: poço, puceiro, pução, cacimba

O bagaço resultante da peneiragem: crueira (do tupi karu'era), bago, carueira, curera, farelo, curubão (este, anotado em Santarém, no Pará)

Os raladores: raladeira, ralo, caititu, motor, triturador, sevador, sevadeira, moedor, quebrador de mandioca, rodete, moinho, molinete

O recipiente para receber a massa ralada: cocho, masseira, cocheira, canoa, cocha, amassador, gamela

As peneiras: coadeira de massa, coador de massa, arupemba (do tupi iru-peb), arupema, urupema, gurupema

O espremedor de caldo: tipiti, prensa, prensadeira, enxugadeira de massa

O sumo tóxico: manicuera, manipuera, água de mandioca, água de tapioca, caldo de mandioca

O misturador da torragem: rodo, remo, mexedor, cuiapeua

Os recipientes de torrar: forno, tacho, chapa

36

Vista aérea da roça Panará na aldeia Nãsêpotiti

37

Nazária Mandú Lopes em sua roça na comunidade Canadá, próxima ao rio Ayari, Terra Indígena Alto Rio Negro (AM)

38

Roça Wayna-Apalai, Terra Indígena Paru D'Este (PA)

39

Roça na Chapada Diamantina, Município de Boninal (BA)

12

40

Manivas no Rio Tiquié (AM)

42

Da roça, a mandioca é levada até a casa de farinha dentro dos cestos cargueiros. No Rio Negro, é trabalho feminino. Para diminuir um pouco do peso, lavam as raízes dentro da água do rio. Na casa de farinha, o serviço começa com a retirada da casca da raiz. Entre o povo Ticuna, usa-se o facão, que na Amazônia é chamado de terçado. Os Tupiniquimm no Espírito Santo usam faquinhas ou um caboré, ferramenta por eles próprios fabricada e que lembra os olho da coruja caboré, daí a designação.

Depois de descascadas e lavadas, as raízes são raladas. Há quem já tenha raladores motorizados, o caititu, o que exige combustível ou luz elétrica.

43

44

45

46

Caititu

47

48

49

A massa da mandioca ralada precisa ser prensada (quando embrulhada ou ensacada em ráfia plástica) ou espremida nos tipitis para a retirada de sumo que contém o ácido cianídrico.

50

52

Prensa de quitungo na aldeia Caieiras, povo Tupiniquim (ES)

53 Prensa em casa de farinha do povo Tremembé de Almofala (CE)

54 Prensa em casa de farinha em Codajás, Alto Solimões (AM)

Na região do Rio Negro a aparelhagem para distender o tipiti fica na parte posterior da casa de forno. Essa aparelhagem é composta de três partes. A primeira é um poste fincado no chão, com uma saliência para pendurar a alça superior do tipiti. Como lembra um tucano, em nheengatu é denominado de tipiti tukano. A segunda é

55

O desenho ao lado foi feito por James Wells Champney para a obra Brazil – The Amazons and the Coast, de Herbert Smith, no final do século 19. À direita, a foto feita um século depois, retrata cena na aldeia São Pedro, do povo Tuyuka, Alto Rio Tiquié (AM)

um travessão que, introduzido na alça inferior, permite distender o tipiti. Associado formalmente a um pênis é referido como tipiti emena – "marido do tipiti". O último elemento é um poste chanfrado e enterrado que serve para prender o travessão. Como "prende o pênis" é denominado tipiti kuyãtai – "a moça (mulher) do tipiti".

56

57

Ao ser retirada do tipiti, a massa de mandioca deve então ser peneirada. Movimentos enérgicos e regulares das mulheres na peneira apoiada em bacias ou sobre o cocho permitirão a separação e retirada dos pavios e dos pedaços maiores que sobraram da moagem ou do ralar, aquela crueira que Geovane mencionou que vai alimentar porcos ou galinhas do quintal doméstico.

58

59

60

61

62

A massa solta e uniforme, bem desidratada mas ainda úmida, vai sendo levada paulatinamente ao forno ligeiramente preaquecido e limpo para garantir a desidratação final e bem distribuída de toda aquela quantidade que será torrada. A temperatura só fica um pouco mais elevada na

63

64

fase da torra, e aí reside o talento do manipulador do rodo, que precisa ter força e leveza para agitar, revolver e distribuir uniforme e constantemente a farinha já seca, garantindo que não se queime. A massa é transportada por grandes cuias ou o conteúdo das bacias é despejado diretamente no forno.

65

66

67

O forno é uma chapa de ferro, com as bordas elevadas, e nunca tem menos que 1,5 metro de diâmetro. É fixo e ocupa a parte posterior ou o centro da casa de forno. Quando a farinha está torrada, é retirada do forno com a mesma cuia que transportou a massa úmida, e será armazenada em latas grandes ou paneiros forrados de folhas.

68

69

Caso se queira mais do que farinha, ou seja, polvilho e tucupi, mais etapas serão necessárias. Uma é reservar a água que escorre do tipiti ou da prensa para recolher o amido que se deposita no fundo da vasilha – é o polvilho. A outra, é ferver por muito tempo a água livre do amido e dela subtrair o ácido cianídrico: resulta no tucupi puro, ainda sem os temperos. Como sempre cabe um porém, a depender da variedade da mandioca, o caldo grosso que resta da fervura é adocicado, e torna-se mingau. É a *nukaga* do povo Waujá (Terra Indígena Xingu/MT), ou a manicuera dos rio-negrinos, ou a mandicuera dos caboclos de Bragança, produtores da farinha d'água do Pará.

70

71

O aproveitamento da água da mandioca brava para fazer tucupi ou mingaus é exclusividade amazônica. No resto do Brasil é descartada. E para concluir, um dado interessante: os Yudja, povo canoeiro que em tempos passados dominavam o Médio Rio Xingu, relatam que muito antigamente faziam um caldo que chamavam de *txukupi*. Tratava-se da água da mandioca *wãwaru* fervida e reduzida, na qual agregavam caldo de peixe com pimenta. Nada mais semelhante do que a quinhapira dos povos do Rio Negro (leiam "A mulher provedora", adiante, para conferir).

Os povos indígenas que habitam o sul da Terra Indígena Xingu (MT) não produzem farinha, apenas polvilho, do qual fazem beiju e nada mais. Espremem em esteirinhas a massa da mandioca ralada na qual vão jogando água para retirar todo o amido. A massa que sobra serve para engrossar caldos de peixe.

72

73

74

Polvilho recém-retirado de uma vasilha

75

Aldeia Pyulaga, povo Waujá, Alto Xingu (MT)

Aldeia Kuikuro, Alto Xingu (MT)

77

Os alto-xinguanos, cultivam uma variedade de mandioca brava cujo sumo não descartam, mas reservam para ferver durante muitas horas para a evaporação do ácido cianídrico. O resultado é um caldo muito doce que engrossam com um pouco de polvilho até ficar na consistência de um mingau líquido. É um preparo do tempo da seca, ou seja, dos meses de maio a agosto, consumido no final da tarde. Este mingau recebe diferentes nomes conforme o povo e as fotos que temos aqui foi feita entre os Waujá da aldeia Pyulaga, que o chamam de nukaga.

78

Um item praticamente desconhecido do aproveitamento da mandioca que, não à toa, foi por muito tempo identificada por *Manihot utilissima,* as folhas de mandioca brava também são comestíveis. São amansadas pelo seu cozimento por no mínimo uma semana. Seu preparo se chama maniçoba. Em apenas dois estados do Brasil come-se maniçoba: no Pará e na Bahia, aí mais especificamente na região do Recôncavo. Embora feitas com os mesmos ingredientes – bucho, costela, toicinho, charque, orelha de porco e chouriço, além dos temperos –, no Pará a maniçoba tem a aparência de uma feijoada sem feijão e na Bahia, a aparência lembra o cozido de carnes. Algo faz suspeitar que aí pode ter dedo de africanos apesar de lhe atribuírem origem indígena. A mandioca de fato é indígena de berço, mas o preparo e o consumo das folhas do arbusto não parecem ser. Os indígenas não são adeptos de folhas em seus alimentos. A fuga da condição de escravos e das sequelas da escravidão devem ter promovido a busca de caminhos fáceis e sem custo para buscar comida. Houve intensa escravidão tanto no Pará quanto na Bahia e a convivência com indígenas, sobretudo em quilombos, pode explicar a gênese do preparo.

79

Folha de mandioca brava cozida para o preparo da maniçoba

80

Mercado Ver-o-Peso, Belém (PA)

VIVA
UNIT PRICE

A MULHER PROVEDORA

POR FLORA DIAS CABALZAR

A cada manhã, é costume sair da rede e logo se acomodar à beira do fogo. Com o corpo acalentado, seguir ao porto para o banho que é para todos, dos mais velhos às crianças de colo. Mas uma mulher já terá seguido bem antes se estiver sem água estocada na cozinha no momento do preparo do mingau ou de outros itens da refeição matutina.

Essa mulher provedora já acendeu o fogo da cozinha, separou a tapioca de que precisa para preparar o mingau para oferecer na primeira refeição familiar. Ela aqueceu alimentos como quinhãpira, maniquera ou mujeca da véspera, apenas em parte consumidos. Farinha e beiju também são itens que a pessoa sempre tem um pouco.

Não tão visível, ela pode ter também um tanto de japurá desenterrado, uma reserva de pimentas moqueadas, uma variedade de produtos sazonais coletados. Caso esteja com pouco beiju, acende um segundo fogo, o do forno, para o demorado preparo do beiju fresco de goma de tapioca, imprescindível se nesse momento houver carne de caça ou peixe farto; nesse caso, uma sobra do beiju mais duro do dia anterior ficará preterida no cesto, até ser consumida n'outra refeição apenas com quinhãpira ou esfarelada para as galinhas.

Noites adentro o marido pesca ou caça, planejando suprir essa primeira refeição do dia. Trazendo caça maior, será preparada logo ao chegar, seja meio ou alta madrugada; como preparar e cozinhar peixe não é tão demorado, uma mujeca poderá ser feita bem na hora da refeição. Aguardando a chegada do caçador/ pescador, a família eventualmente atrasará um pouco a primeira refeição do dia. A chegada da caça em outros momentos do dia motivará o imediato preparo da refeição completa, sempre acompanhada do beiju de pura goma. Dizem as mulheres de hoje que as antigas eram mais sábias: trabalhavam na roça antes do sol quente. Hoje em dia já não têm tanta pressa, dizem, fazendo-se a primeira refeição tranquilamente e com longas conversas antes de sair para a roça. Quando chove nesse período da primeira refeição, atrasam-se com calma, dedicando-se a outros afazeres, como a produção artesanal.

Mães provedoras costumam ter de três a cinco roças e se convidam umas às outras para o trabalho. É relativamente comum uma mulher ir um dia à roça da outra e, alguns dias depois, a outra vir à sua. Convidadas colhem para si mesmas ao menos um aturá cheio. Geralmente a esposa carrega na tipoia seu bebê de colo, para quem leva uma redezinha que vai armar em uma sombra da roça. Quando vão junto, as crianças levam também pequenas quantidades de farinha ou beiju, mujeca ou farinha de formiga. Se não querem brincar ou descansar, crianças menores trabalham. Maiores, já assumem responsabilidades cotidianas ao lado da mãe. Das moças solteiras já provedoras, os pais cobram muito e ralham quando optam pelo descanso ou por outra atividade que não resulte em alimento.

A organização do trabalho pode variar segundo inúmeras composições das famílias. No caso de mãe com duas filhas adolescentes, elas decidem entre si quem acenderá os primeiros fogos do dia, quem vai preparar o beiju e qual das três poderá ficar na rede um pouco mais. Na volta da roça elas se dividem entre ralar mandioca e lavar essa massa com água, na peneira apoiada sobre um tripé.

A tapioca coada decanta na bacia disposta sob a peneira, e a maniquera que flutua é oferecida quase de noite, após longa fervura, já sem veneno e com sabores variados conforme o tipo de mandioca usada, a fruta ou tapioca adicionadas.

Ao longo do dia, portanto, parte da tapioca estocada é consumida em mingaus e beijus variados. Nos primeiros, pura tapioca é dissolvida em água fria e despejada aos poucos em água fervente até que, mexendo sempre, o mingau engrosse no fogo. A tapioca restante descansa na bacia, recoberta por fino tecido e uma camada de cinzas para absorver a umidade. À noitinha, ao se deitar, a mulher provedora costuma conservar também sua panela de quinhãpira sobre um fogo que vai lentamente se apagando. Mais gordurosa se deixam peixe a cozinhar nesse caldo, mais volumosa se acrescida de água, mais ardida se acrescida de mais pimenta, a quinhãpira segue reformada.

Em 1994 visitei o rio Tiquié pela primeira vez. Em 2013 pela última, até o momento. Comecei a acompanhar as mulheres em idas a roças e no processamento básico da mandioca. Detalhes dessa rotina ou da culinária, aprendi pouco ao longo do tempo. Plantava, colhia, capinava; descascava mandioca na roça ou ralava já nas cozinhas, como cerne de nossas trocas de saberes e sentimentos.

Este texto expressa uma parte pequena dos conhecimentos das grandes provedoras em território Tuyuka do Alto Rio Tiquié (AM), em circulação por roças da finada Antônia Marques; da comadre Amélia Marques, esposa de Higino Tenório; de Catarina Marques, esposa de Mário, hoje em São Gabriel; de Cecília, esposa de Feliciano, irmão de Mario; de Décia Marques, esposa de Higino Meira; de Avelina, hoje esposa de Gustavo Barbosa; de Helena esposa de Adão Barbosa: mulheres Tukano, Tuyuka, Bara e Yebamasa, que produzem e oferecem maniquera das mais doces.

FLORA DIAS CABALZAR

Antropóloga, vem fazendo e colaborando para estudos em etnologia indígena na Amazônia brasileira

81

84

85

Aluá de abacaxi

SENHORA RAIZ

POR WALDA MARQUES

86

87

88

89

90

WALDA MARQUES

Fotógrafa paraense. Idealizou e realiza o projeto Senhora Raiz cujo registro fotográfico enaltece o trabalho das mulheres do município de Bragança em sua rotina das farinhadas

QUEM DIZ QUE FARINHA NÃO PODE TER TERROIR?

POR NEIDE RIGO

A cada viagem que faço por esses rincões do Brasil, descubro, maravilhada, diferentes subprodutos da mandioca ou nomes regionais para um mesmo produto.

Farinha de copioba, do Recôncavo Baiano (BA)

Tive que chegar até Nazaré das Farinhas para descobrir como é que a baiana faz a tal farinha de copioba que todo baiano venera e sabe que é boa. Mas o fato é que poucos sabem explicar as razões, especialmente para uma paulista xereta e ignorante nesse assunto. Ninguém conseguiu esclarecer direito o que ela tem de diferente de outras farinhas de boa qualidade.

Uma das versões que ouvi, nada com muita certeza, é que um tempo atrás a Fazenda Copioba, localizada na serra de mesmo nome, produzia uma farinha excelente. A partir dessa fama, toda farinha boa feita na região passou a ser identificada por farinha de copioba. Então, que fique claro, nem toda farinha de Nazaré é de copioba. Fui visitar uma casa de farinha para conferir. Era mecanizada, e mesmo assim produzia ótima farinha. Portanto, farinha de copioba nem é necessariamente feita de um jeito artesanal e único; tampouco a mandioca é de uma variedade específica, o que poderia fazer pensar em algo como queijos e vinhos europeus e suas regiões demarcadas. Mas ainda há muito caminho a se percorrer até lá, pois as mandiocas às vezes são compradas em outro canto e o método de fabricação varia muito – nessa casa que visitei, por exemplo, o processo era motorizado e imagino que a técnica primitiva da farinha regional tenha sido muito diferente e ainda deva ser praticada por lá.

Mesmo assim, desde que sejam fininhas, limpas, ricas em goma e gostosas, são todas farinhas de copioba.

Já ouvi definições da farinha de copioba como sendo sempre amarela. Ela pode até ser colorida, mas a cor é conseguida à custa de cúrcuma, na melhor das hipóteses, ou corante artificial. Passando os olhos curiosos em cada cantinho da casa de farinha encontrei um saquinho empoeirado contendo um pó amarelo.

Perguntei o que era e o farinheiro contou a verdade. Era um corante. Questionei se era natural ou artificial e a resposta foi "não sei". Cheirei e experimentei uma pitada. Era cúrcuma ou açafrão-da-terra, nada demais. Assim, na dúvida, fique-se com a branca. Trouxe 5 quilos da iguaria que arrematei ainda no tacho, quentinha, para presentear os amigos.

Farinha de mandioca de Jacupiranga, no Vale do Ribeira (SP)

Não cabe descaso em experimentar farinhas desconhecidas só porque na prateleira de casa já tem da boa farinha baiana. Quase incorri ao erro em uma feira em São Paulo.

O dono de uma barraca dirigiu-se a mim oferecendo um bocado daquele pozinho fino, com tanta delicadeza e tão alheio ao meu pouco-caso que não tive como recusar. Tasquei um punhado dela na boca e tchum, a farinha esquentou. Sabe aquela sensação na língua quando a gente pressiona um sequilho de maisena até ele derreter? Deve ser causado pela ptialina, a enzima da saliva que transforma parte do amido em maltose. A reação deve gerar calor – lembram aquela parte da fisiologia digestória que a gente aprende no colégio? Assim aconteceu.

A farinha de Jacupiranga deve ser riquíssima em amido (ou goma, polvilho, fécula, como queiram). Além disso, a farinha trincava no dente, fresquíssima, bem seca e crocante sem estar tostada (quatro horas em fogo baixo de lenha, mexendo sem parar). Virei fã da farinha de Jacupiranga.

Farinha de mandioca de Cruzeiro do Sul (AC)

Granulada, grossa, crocante, bem torrada, com ou sem coco, é feita artesanalmente por agricultores familiares da região do Vale do Rio Juruá há mais de cem anos.

Suas características próprias é que garantiram, no Brasil, o primeiro registro de Indicação Geográfica por Procedência de um produto derivado da mandioca. O registro permite delimitar uma área geográfica, restringindo o uso de seu nome aos produtores e prestadores de serviços da região organizados em entidades representativas.

Além de Cruzeiro do Sul, a região delimitada também abrange os municípios de Mâncio Lima, Rodrigues Alves, Porto Walter e Marechal Thaumaturgo.

Os fatores que mais influenciam a qualidade dessa farinha de mandioca são os teores de umidade e acidez do produto, características que estão relacionadas às etapas de prensagem e tostagem.

Percentuais elevados de umidade na farinha favorecem o desenvolvimento de microrganismos e reduzem a sua vida de prateleira. Já a acidez altera o aroma e sabor, atributos essenciais para a aceitação do produto pelo consumidor.

Quanto mais tempo a massa permanecer na prensa, maior será o teor de acidez da farinha, devido ao processo de fermentação.

Farinha de Uarini (AM)

Também chamada de ovinha, é típica do Amazonas e feita no distrito de Uarini (a três dias de Manaus). A farinha de Uarini é nosso "cuscuz marroquino amazonense".

É um produto raro, o caviar das farinhas, custa caro se comparado às outras porque seu feitio é trabalhoso, a partir da mandioca amarela pubada por três dias. Depois de espremida, passa por peneira para tirar a crueira (o resíduo duro) e então vai para a masseira para ser rolada com a mão até formar bolinhas de tamanhos variados.

Há uma opção mais mecanizada, que é passar a massa por uma engenhoca artesanal chamada de emboladeira – duas placas de madeira ou metal rolam uma sobre a outra com a massa entre elas, formando bolinhas. Depois de secas em tacho, são peneiradas para separar por tamanho: ova ou ovinhas. Uma moradora de Uarini, Domingas Bezerra, contou que com ela se faz delicioso mingau doce com leite de castanha.

Farinha de carimã de Bragança (PA)

É feita com a mandioca que foi descascada e amolecida por cerca de quatro dias em água corrente de igarapé. Comi da farinha feita por Seu Bené, com mandioca amarela e crocante. Crocante até demais, sempre achei. Não há dente não caboclo que resista à tanta dureza. Se bem que era porque eu não sabia comer. Aprendi que é jogar um punhadinho na boca e mastigar bem devagar, deixando que umedeça um pouco. Trata-se de um emblemático ato slow food tupiniquim. Aí sim é boa demais de se comer e até se distrair enquanto o almoço ou jantar não vem.

Uma tigelinha ao lado do teclado do computador evita os assaltos fora de hora à geladeira. Guloseima light, não pelo poder calórico, mas pelo intervalo de tempo entre um grão e outro. Infinito. Definitivamente a pressa é a inimiga da refeição quando se trata de farinha d'água.

Ah! E tem mais: se você ouvir falar de farinha puba, é a mesma coisa que farinha d'água.

NEM TUDO É FARINHA DO MESMO SACO

Para mim, durante muito tempo, farinha de mandioca era mandioca ralada, espremida e seca. E só. Era tudo farinha do mesmo saco.

Foi na feira de São Joaquim, em Salvador, que comecei minha formação mais apurada no assunto. Degustando diferentes farinhas descobri, por exemplo, que há farinha "quente" e "fria". A quente é aquela que trinca nos dentes, como se diz por lá, de tão crocante, tão fresquinha. É aquela que acabou de ser feita, parece ainda estar morna. A fria é aquela cujos grãos não se quebram porque absorveram umidade, já estão meio murchos.

Uma farinheira da região do Recôncavo Baiano conta que a qualidade da farinha depende bastante das condições da mandioca. Quando aguada, rende farinha "pobre", com muita fibra em relação ao amido (neste caso, boa parte do amido vai embora quando a massa ralada é espremida). E isto tem a ver com a época do ano em que a raiz é plantada e colhida e com a variedade.

Em Belém, no Mercado Ver-o-Peso, foi a descoberta de farinha ácida, pouco ácida e... nem um pouco ácida. Tudo varia conforme a quantidade de vezes que a massa ralada foi lavada e mesmo conforme a qualidade da água usada para isso, dizem alguns. Outros não dizem nada, outros dizem que tudo isso é bobagem. E tem a farinha ácida caroçuda, menos caroçuda, nada caroçuda... E a farinha não ácida não caroçuda, meio caroçuda, não caroçuda...

Outra coisa que só sabe quem faz farinha artesanal é que o peso das mãos de quem rala também tem influência no produto final. Gente de mão leve produz farinha mais fina já que a mão pesada demais força a raiz no ralo, deixando passar pedaços maiores. E quem reclama é aquele que está no comando do tacho, que fica com o braço doendo de mexer aquela farinha pesada.

Então, posso me preservar: saibam que a confusão de nomes é geral. Temos uma legislação brasileira que tenta padronizar nomes e definir qualidades, mas as farinhas artesanais ganham nomes e formas de preparo diversos dependendo da região e da criatividade. O importante é reconhecer estes produtos e valorizar essas diferenças.

Ou seja, nem tudo é farinha do mesmo saco.

Farinha de raspa

Meu interesse na farinha de raspa nasceu de uma visita a uma aldeia Guarani anos atrás, quando comi chipás, umas panquecas grossas e fritas – eram feitas à base de farinha de mandioca e, em vez de óleo, usavam gordura de yxo, a larva de palmeiras. Não foi difícil chegar à farinha de mandioca usada pelos Guarani (que sempre tiveram o milho como alimento principal). No livro *Etnografia de los Guarani del Alto Parana*, de Franz Muller, entre os modos de preparar a mandioca, está lá a farinha de raspa.

A farinha guarani volta à cena, agora por conta da repulsa ao glúten. Num mesmo momento em que a farinha de raspa é usada principalmente como ração, outro nicho se abre para ela: a farinha de raspa é a mesma *cassava flour* encontrada nos mercados nacionais e internacionais de *gluten free*. Diferentemente da farinha de mandioca de mesa, a farinha seca conserva todo o amido original e, melhor que o polvilho (que é o amido isolado), conserva todas as fibras sem ser granulada.

A farinha de raspa dá mais liga à massa, sem ser grudenta como o amido puro, pois tem o equilíbrio das fibras. No passado foi usada para substituir o trigo, pelo menos em parte, na panificação e daí vem seu outro nome: farinha de mandioca panificável. Por isso, sempre que encontro uma cooperativa que produz farinha, tento convencê-los de que deveriam também produzir a farinha de raspa e mandá-la para o mercado numa nova roupagem.

É o caso dos agricultores ribeirinhos da Terra do Meio, no Pará. Com eles, o Instituto Socioambiental já vem trabalhando na produção de farinha de babaçu. Estando o investimento feito em galpão e maquinário instalados, sugeri processarem mandioca como farinha seca ali também.

Está caminhando para dar certo. Colegas e eu temos feito testes de qualidade para permitir que o produto abasteça uma fatia do mercado da panificação e traga renda aos ribeirinhos.

Para fazer pão, já não é tão fácil, mas em pão de fôrma ou pães chatos como tortillas, além de massas de biscoito e tortas, essa farinha pode substituir o trigo integralmente e tem inclusive o mesmo aspecto – fininha e branca. Uma leitora mineira do meu blog conta que sua mãe chamava essa farinha de "farinha de apara", ou simplesmente "para", com a qual preparava pães e bolos.

Farinha de mandioca comum ou seca

Ou ainda farinha de mesa. Aquela que conhecemos como farinha comum e que vai à mesa para acompanhar pratos de carne ou peixe. É o nosso pão brasileiro para acompanhar comidas de todo tipo, principalmente entre nordestinos. Pode ser usada para fazer farofas – crocantes, com manteiga, ou de água. Pela legislação brasileira, a farinha comercializada tem que ter no mínimo 75% de amido (a goma). Alguns tipos artesanais, no entanto, são mais polvilhadas, como as do Sul, finíssimas quase como trigo.

No processo normal, a mandioca é descascada, ralada, prensada e seca em grandes tachos. Se a polpa for lavada com água antes de ir à prensa para extrair o polvilho, que é levado com a água, a farinha sairá mais fibrosa (rica em fibras insolúveis, o que não é nada mal pra quem quer ter regularidade intestinal), conhecida no Norte, esta sim, como farinha seca, considerada de categoria inferior. É boa para sopa, como a que a Mara Salles faz, pois não a deixa muito viscosa.

Farinha amarela

Igual à farinha descrita acima, só que feita com mandioca amarela. Boa para farofas e como farinha de mesa. Algumas casas de farinha adicionam corante amarelo – tartrazina, o que é proibido. Segundo um trabalho que li recentemente e avaliou entre outros itens a adição de corantes, a maioria das amostras de farinha testadas estava dentro das conformidades.

Farinha beijuzada quebradinha

Típica da Bahia. É feita com goma molhada seca peneirada numa camada fina sobre chapa quente formando pequenos beijus disformes e crocantes. Na Bahia ela pode ser consumida no café (isso mesmo, dentro do café) ou no leite, com rapadura. É bom também para deixar do lado do computador e ir beliscando na hora da fome. Com coco ralado e açúcar, levada ao forno, faz um tipo de granola para ser comida pura ou acompanhando frutas. Aliás, muito melhor que qualquer granola.

Farinha de tapioca

Típica do Pará, são grânulos de amido coagulados na forma de sagus e estourados em chapa quente como pipocas. A extrusão dá aos grânulos aspecto de isopor. Usada em pãezinhos, mingaus, cobrindo sobremesas ou como acompanhamento de polpa de açaí ou bacaba salgada ou doce.

Farinha que nunca vi

O pessoal do Instituto Socioambiental me contou que os Kawaiwete, também conhecidos por Kaiabi, fazem dois tipos de farinha resultantes da pubagem. Uma é aquela farinha dura, grumosa e cheia de fibras que aprenderam a produzir com os seringueiros no tempo em que conviveram entre eles, no Pará. Porém, eles também são detentores de uma técnica única de processar uma farinha tão fina que chega a ter a mesma textura da farinha de trigo. A ela dão o nome de *ui ete* (verdadeira farinha) ou *ui muk*. Essa farinha fina será a base de alimento recorrente dos Kawaiwete que, em nossos termos, se parece com um pirão. Assim: moqueiam bem a caça, depois a cozinham e, quando tudo estiver bem amolecido, acrescentam essa farinha até formar o pirão.

91

Mercado Ver-o-Peso, Belém (PA)

DE PREÇOS
FARINHA D'ÁGUA R$5.00
F. GROSSA BRANCA R$5.00
GROSSA AMARELA R$5.00
SURUÍ R$5.00
FINA AMARELA R$5.00
MÉDIA BRANCA R$5.00
MÉDIA AMARELA R$5.00
TAPIOCA & COCO R$3.00
AJI-NO-MOTO
GROSSA
AMARELA
LITRO=5.00
KILO=7.00
AJI-NO-MOTO
TAPIOCA
FINA
2,50
AJI-NO-MOTO
FAROFA
AMARELA
LITRO=5.00
KILO=7.00

92

Mercado Ver-o-Peso, Belém (PA)

AJI-NO-MOTO
AJI-NO-MOTO
AJI-NO-MOTO
AJI-NO-MOTO
OBRIGADO!

93

Mercado Ver-o-Peso, Belém (PA)

FARINHA DE BRAGANÇA
4,00 LITRO
5,00 KILO
FARINHA D'AGUA
LITRO
2,00
KILO 3,00
APROVEITE
FARINHA D'AGUA
KILO
3,00

Mercado de São Joaquim, Salvador (BA)

FARINHA
Sto ANTONIO
4,50
FARINHA BOA
CRUZ DAS
ALMAS
4,00

95

Mercado de São Joaquim, Salvador (BA)

FARINHA TORRADA
NAZARÉ
3,00

DA MANDIOCA À TAPIOCA E AO POLVILHO

Antes de mais nada, vamos combinar que goma seca, polvilho doce, amido de mandioca, fécula de mandioca, *almidon de tapioca* e *tapioca starch* são todos a mesma coisa. É o carboidrato presente na mandioca (aipim, macaxeira, cassava, yuca) com quase nada aderido a ele – sem glúten, baixíssimo teor de proteína e gordura, altamente calórico (quase como o açúcar, também carboidrato) e que faz maravilhas na cozinha, como beijus, brevidades, pães de queijo, tapiocas, pudins, molhos e tantas outras. Era a farinha mais usada por aqui antes da globalização do trigo.

Polvilho

Para extraí-lo, a mandioca é ralada, lavada e prensada. A água dessa lavagem é recolhida em grandes recipientes e o que se acumula ao fundo é o polvilho, ou goma fresca, que se apresenta como um grande bloco úmido, sedimentado. Geralmente quem faz farinha não extrai polvilho. Ou o contrário, como no caso dos povos do sul da Terra Indígena Xingu (MT), que não produzem farinha mas consomem todos os formatos possíveis de sua fécula. E há quem faça as duas coisas, como as comunidades indígenas e ribeirinhas do Rio Negro (AM).

Polvilho doce

Goma produzida pelo processo descrito acima, desidratada até virar um talco bem fino. Quando hidratado e aquecido, dá bastante liga, portanto, é bom também para fazer beijus (ou tapiocas!). Com líquido e aquecido, forma um mingau cremoso e transparente, com bastante liga. Pode ser usado para fazer pãezinhos, bolos, brevidades.

Polvilho azedo

Difere do polvilho doce apenas porque a vasilha com o sumo da mandioca ralada e lavada é deixada sedimentando por cerca de dez dias ou mais, para fermentar. O polvilho tirado daí estará bem ácido, conferindo sabor agradável aos preparos, além de permitir maior expansão: pães de queijo e biscoitos de polvilho crocante, por exemplo. O mingau feito com ele é mais escuro, transparente, cremoso e macio (tem proporção maior de amilopectina, responsável pela maciez e transparência, em relação à amilose, cujo teor diminui com a acidez).

Sagu

É feito com a goma (polvilho, fécula) da mandioca peneirada em malha bem grossa; os movimentos circulares da peneira produzem resíduos que caem sobre um pano e são boleados com as mãos. As bolinhas vão ser desidratadas em um tacho quente o suficiente para apenas secá-las, sem tostar. Na indústria, o amido é coagulado e boleado para formar esferinhas de tamanho padronizado. Hoje, os *bubble teas* que estão na moda recorrem a "pérolas de tapioca" que nada mais são do que o velho e bom sagu. E na França, o sagu atende pelo nome de *perles du Japon*... Resultado das aventuras mercantilistas dos europeus em mares do Oriente?

Tapioca granulada

Feita com o amido molhado que é coagulado em grânulos sobre chapa quente. É separada por peneira em grãos finos ou grossos. Tem aparência de sal grosso, meio translúcida e pode ser usada em cuscuz (umedecida com leite de coco doce), bolos ou mingaus.

NEIDE RIGO

Nutricionista e blogueira, inspirada em Guimarães Rosa diz que desconfia de muita coisa e que sabe quase nada

96

Itarema, Ceará

Itarema, Ceará

98

Itarema, Ceará

99

Itarema, Ceará

"COMPREI UM QUILO DE FARINHA PRA FAZER FAROFA"

Impossível listar aqui tudo o que o Brasil faz com farinha de mandioca porque daria outro livro. Mas há um item que precisa ser mencionado sob o risco de a omissão ser confundida com desqualificação: a farofa.

A falta de sistematização da cozinha brasileira é um fato. Várias receitas, dependendo da região, podem levar nomes bem diferentes, mesmo que sejam idênticas, gêmeas. Com as farofas ocorre o contrário. Existem muitas farofas, inúmeras possibilidades - daí a minha primeira fascinação. Mas são todas farofas.

E o que é uma farofa? Farofa deve ser farinha - em geral de mandioca, mas não obrigatoriamente - e alguma gordura. Seja manteiga ou banha, seja óleo, dendê ou azeite, não existe farofa sem gordura. Farinhas torradas com gordura, Brasil afora, recebem o nome de farofa. Pode ser só isso, ou levar alguma mistura. E aí vale tudo, todas as combinações possíveis: farofa de banana, farofa de maracujá, farofa de bacon, farofa de ovo, farofa com outras farinhas, farofa com o que você quiser. É uma farofa.

É exatamente essa versatilidade que explica ela se constituir o principal alimento da matula dos tropeiros, do farnel dos vaqueiros, do saco plástico dos viajantes rodoviários e das marmitas dos farofeiros. Esta expressão revela, aliás, o traço de desprezo herdado do senhor de engenho aos que comem farinha de mandioca. Não nos deixemos levar por isso. Há muito que os salões aceitam as farofas com nozes e tâmaras ou as de amêndoas e damascos, ou as de bacon e pignoli, as de pinhão e uvas-passas. E por aí vai.

Nos estados do Sul e do Sudeste, a farofa clássica é farinha refogada em manteiga e cebola. Se tiver ovo, melhor. Toicinho e alho são dois elementos enriquecedores Brasil afora. Banana-da-terra já está difundida como ingrediente quase indispensável e tudo mais que estiver no alcance das mãos – piracuí (especialidade de Santarém e arredores), carne-seca desfiada, casca de banana refogada (preparo tradicional em Goiás); charque e carne-de-lata no Centro-Oeste; içá (no interior de São Paulo e Minas Gerais), gongo torrado (apreciado no Piauí).

Dentro dessas possíveis utilizações de farinhas e de gorduras, a quente e a frio, a gente cai em mais um problema de nomenclatura relativo a outra mistura, o chamado chibé. Chibé é água e farinha.E aí temos uma primeira dificuldade, que é diferenciar o chibé de comer e o de beber. Em expedições pela mata, numa pescaria, numa piracaia – que é um churrasco de peixe na beira do Tapajós –, já comi um simples chibé, feito com uma farinha levemente umedecida com água que vai ganhar uma textura parecida com o cuscuz, às vezes acrescida de uma mistura de limão, sal e ervas, às vezes só de sal e limão. É um chibé de comer, e não o chibé de beber, já descrito neste livro.

Em alguns lugares do Alto Rio Negro e do Amapá, provei o que seria uma farofa d'água. Para quem não lembra ou não conhece, farofa d'água é uma farinha com vinagrete. Uma farofa a frio, temperada com azeite, tomate, cebola e outros ingredientes, todos crus. Essa farofa pode ser aquecida? Não. Quando se aquece uma farinha a que se acrescentou água, ela vai gelificar, vira uma papa. E aí a gente entraria em outro caminho que é o dos pirões, das papas, das tapiocas.

No Pará, onde a cozinha é muito sofisticada, o que chamam localmente de farofa está mais para cuscuz marroquino do que para farofa. Na região Norte de modo geral se aprecia aquela farinha mais caroçuda, e se faz uso da água para amolecer os grumos que, encharcados, serão ligeiramente refogados em óleo, cebola e alho. Fica uma farofa molhada apenas o suficiente para permitir que os sucos dos peixes e camarões fiquem nela integrados.

Em Belém há quem prepare essa farofa pelo mesmo princípio

de umedecer a farinha, mas no lugar da água usam leite de castanha-do-brasil fresca. Poderia ser resultado das novas criações que a cozinha contemporânea vem propondo com ingredientes brasileiros. Mas não é. Os Sateré Mawé, no tempo da coleta da castanha-do-brasil, servem farinha molhada no leite que se solta da semente bem nova e fresca depois de ralada.

Farofa e chibé são fáceis de fazer e podem ganhar o mundo. Há dois itens da alimentação tradicional que se difundiram fora de seus países de origem – o carpaccio italiano nos anos 1990 e o ceviche que saiu do Peru na década seguinte. Ambos se consolidaram por um único motivo: são fáceis de preparar, pois basta ter a matéria-prima em mãos. Hoje vivemos algo parecido com as farofas. Quando eu estava andando pelo mundo, garoto, aprendendo a cozinhar, volta e meia preparava uma farofa ao me pedirem comida brasileira. As reações invariavelmente eram de estranheza; torciam o nariz, diziam que tinha textura arenosa, que secava a boca, era ruim de engolir, não era agradável. Para nós, brasileiros, que gostamos de farofa, fomos e sempre seremos fascinados por essa textura, essas reações é que causavam estranhamento.

Foi divertido amadurecer profissionalmente ao lado de mestres, cozinhar junto com meus ídolos e ver a cozinha evoluir técnica e tecnologicamente. E é divertido ver chefs mundo afora começarem a preparar farinhas e farofas, areias, terras – muitas vezes de cookies desfeitos, de biscoitos ralados, de múltiplas farinhas.Hoje, com o advento da cozinha moderna, essa textura que era estranha começou a ser vista de nova maneira.

Acredito nas farofas como uma das receitas que o Brasil pode e deve exportar para o mundo. Não só porque faz parte da nossa cultura, mas porque esse receituário pode ser reproduzido em qualquer lugar do mundo. Uma farinha, uma gordura e, se preciso, alguma mistura, e temos uma farofa. Que sejamos farofeiros!

FARINHA
DE
FAROFA
KILO
3,00

OS ENGENHOS RESISTEM

Os engenhos de farinha de Santa Catarina resistem bravamente. As edificações antigas e rústicas – núcleos de agroindústrias familiares e um polo que aglutina as comunidades do entorno – vêm acumulando outras funções, como as de museus ou espaços culturais e pedagógicos, que procuram manter suas tradições e a sabedoria associada ao plantio e ao processamento da mandioca.

A farinha polvilhada, seu produto mais conhecido, base da segurança alimentar da população do litoral catarinense desde tempos imemoriais, hoje também é o ponto de encontro entre as tradições alimentares, a agroecologia e uma refinada gastronomia.

A forma específica de fazer essa farinha foi sendo construída pelo entrelaçamento entre as tradições indígenas do povo Guarani e as tradições europeias luso-açorianas e alemãs. A seleção de variedades, as técnicas de preparo do solo pela coivara e de plantio, o domínio da extração do ácido cianídrico e diversos usos culinários são atribuídos aos Guarani, que mantinham uma cultura material própria para essas atividades.

Estudos arqueológicos indicam a presença dos Guarani no litoral catarinense quatrocentos anos antes da chegada dos europeus à América. Provavelmente foram das aldeias guaranis que saíram as provisões de mandioca e farinha para naus que aportavam na ilha de Santa Catarina em busca de água e comida, como a de Sebastião Caboto, navegante da coroa espanhola que esteve por lá em 1526, rumo ao Rio da Prata, segundo registra a historiografia.

No século 17, aparecem os primeiros registros da cultura da mandioca praticada em pequenos núcleos coloniais litorâneos, fundados por bandeirantes paulistas, origem das atuais cidades de São Francisco do Sul, Florianópolis e Laguna. Eles chamaram os Guarani de Carijó.

O translado de mais de 6 mil pessoas do Arquipélago dos Açores para o litoral catarinense entre 1748 e 1756 transformou a região e iniciou uma experiência até então inédita no Brasil Colônia: o povoamento organizado na forma da pequena propriedade e mão de obra familiar.

A casa de farinha indígena ganhou novos equipamentos e engrenagens trazidos pelos açorianos, já familiarizados com engenhos de linho, lagares de vinho e de azeite, moinhos de vento. Atribui-se à imigração açoriana os engenhos de farinha com tração animal, chamados de engenhos de cangalha e de mastro. Mais tarde, colonos alemães, que começaram a chegar a partir dos anos 1820 e ocuparam a encosta da Serra do Mar, incluíram a roda d'água como força motriz para o moinho. Os engenhos de farinha, em sua maioria, são construções fechadas, retangulares, equipados com pesadas peças de madeira entalhadas à mão e movidos pela força do boi ou da roda d'água – engrenagens que hoje funcionam à base de energia elétrica ou a diesel. Ainda assim, o trabalho artesanal é grande, pois a mandioca precisa ser descascada – mesmo quando há uma descascadeira mecânica, o acabamento é feito manualmente. A sevagem (ou o ato de ralar) da mandioca também envolve muito trabalho, assim como a torra, que também pode ser tocada a motor, o que acontece em boa parte dos engenhos.

A massa de mandioca já cevada, que antes era acomodada em cestas de palha (tipitis), agora é embrulhada em sacos de ráfia sintética que são moldados em caixa de madeira para ficarem bem quadrados. Na prensa, esses embrulhos intercalados por placa de palha trançada passam horas sendo espremidos para que a água com o veneno saia devagar, conservando parte do amido, o que vai dar a característica de farinha polvilhada. Na produção farinheira catarinense, não existe a tradição de aproveitar esse líquido – a maniquera – para fazer tucupi, mas na agroecologia ele é utilizado para combater formigas.

A farinha de mandioca foi certamente o principal alimento de origem vegetal na dieta dos habitantes da região litorânea nos duzentos anos que se seguiram à chegada dos açorianos, de meados do século 17 até a forte expansão urbana da segunda metade do século 20. Era sua ração diária: pirão de água, pirão de peixe, pirão de feijão, pirão de linguiça e até pirão de café. Os engenhos de farinha e os ranchos de pesca se complementavam como base do sustento das famílias.

A farinhada, mutirão para a produção coletiva e artesanal da farinha de mandioca, figura ainda hoje, de forma muito viva, na memória de muitas famílias. A temporada de colheita da mandioca e de fabricação da farinha, que sempre ocorria no inverno, em geral reunia os integrantes da família e agregados no interior do engenho para a execução das etapas do feitio da farinha de mandioca, e eles chegavam a passar noites a fio nessa lida.

No final do século 18, a Ilha do Desterro, atual Florianópolis, contava com 350 engenhos de farinha de mandioca, e a província de Santa Catarina, com um total de 884 engenhos. No século 19, os engenhos tiveram papel preponderante na alimentação das tropas brasileiras engajadas na Guerra do Paraguai, de 1864 a 1870.

Do litoral os engenhos tomaram o caminho da Serra do Mar, adotados pela colonização alemã. Em 1915 foi inaugurada a primeira fecularia industrial, a Cia. Lorenz, em Indaial, no Vale do Itajaí, marcando o início do beneficiamento industrial da mandioca no Estado.

Nos anos 1960, com a construção da BR-101, o turismo e a migração para a região litorânea foram fortemente intensificados, aumentando a mancha urbana nos municípios cortados pela estrada. A urbanização das praias, o grande crescimento populacional e a conversão dos espaços de lavoura em áreas residenciais impactaram a vida comunitária que girava em torno dos engenhos, e era preciso buscar a mandioca em locais cada vez mais distantes. Muitos engenhos quebraram, alguns resistiram.

A articulação da Rede de Engenhos de Farinha da Grande Florianópolis, depois ampliada para Santa Catarina, tornou-se um espaço de troca entre famílias com histórias ligadas a esse universo de produção. Associada aos movimentos de agroecologia e de alimentação saudável, a rede cresceu. O tradicional engenho de farinha tornou-se um ponto de encontro entre identidades culturais e camadas sociais diversas, entre o passado e o presente dessas comunidades e pessoas, entre diversas áreas, como agricultura, culinária, nutrição, arte e arquitetura, e diversas dimensões, sejam econômicas, culturais e sociais, sejam ambientais ou religiosas. O engenho se tornou um símbolo de resistência cultural.

Em maio de 2019, após mapear 88 engenhos, a Rede Catarinense de Engenhos de Farinha protocolou, junto ao Instituto do Patrimônio Histórico e Artístico Nacional, à Fundação Catarinense de Cultura e à Fundação Franklin Cascaes, o pedido de registro dos saberes e das práticas tradicionais associados aos engenhos de farinha de Santa Catarina como Patrimônio Cultural brasileiro, catarinense e florianopolitano, por iniciativa das pesquisadoras responsáveis Gabriella Pieroni e Manuela Braganholo.

101

102

103

104

105

107

108

109

110

SANDRA ALVES

Fotógrafa, cineasta e artista visual. Sandra nasceu em Florianópolis e come farinha polvilhada desde que se entende por gente. Defensora da soberania alimentar, está engajada em valorizar a agricultura familiar, ciente de que daí é que vem a comida do nosso prato.

A RAIZ DA RESISTÊNCIA E SUA FARINHA DE GUERRA

TEXTO & FOTOS

IÊDA MARQUES

Mandioca, a raiz da resistência, nossa principal mistura, alimento ancestral.

Mãe dizia que a farinha matou a fome de muita gente na seca de 1932. É uma cultura de pequenas áreas, que alimenta a família e seus animais de criação. Planta forte, de sequeiro, gosta de sol e terra fofa. A maniva, pedacinho do caule escolhido a dedo, é plantada na horizontal, na boca das águas. A escolha do início das chuvas é por ser o período em que ela mais precisa de molhagem, para brotar e enraizar. O tempo de espera até a colheita é longo.

Todo o processo, desde a colheita das raízes até a torragem, exige rapidez, só em mutirão tudo é possível. A mandioca tem que ser tratada antes de amarronzar, quando começa a fermentação. Os homens fazem a arrancada das raízes e transportam em carros de boi, em bruacas penduradas nas cangalhas, no lombo dos animais ou em caminhonetes.

Na casa de farinha, as raízes são limpas, raspadas, raladas e a massa já vai direto para o cocho, daí para a prensa, onde libera a venenosa água de mandioca, a manipuera.

Em conversa com um antigo produtor de farinha, ele falou da variedade da mandioca-brava azulona, mais venenosa; a jacobina, a mais cultivada por ser de maior produção, pois dá raízes gigantes; a vassoura, a galho baixo, a brancona, a cangaíba, a aperna grossa, a salgadinha, a joão francisco...

A qualidade da terra, branca ou vermelha, influi no teor do veneno. Disse ele que a água da mandioca mata em questão de minutos, e que salvou muitas ovelhas do seu rebanho com as mamadeiras de cachaça, o antídoto da manipuera.

Após a massa da mandioca ser bem espremida e esfarelada, é sessada em grandes peneiras feitas com taquara, o bambu nativo cada vez mais raro. A crueira, depois de seca, é consumida pelos animais, assim como as manivas e as folhas.

As bocas das fornalhas do lado de fora e as pedras quentes dos fornos recebem a massa para a torra. Os mexedores dos rodos atravessam as noites, não podem parar. Para a farinha ser boa é preciso equilibrar a quantidade de tapioca, a goma na massa, ser torrada no ponto e novamente ser peneirada.

As casas de farinha eram, e ainda são, locais de grande animação, que envolvem mulheres, homens, jovens e crianças. O beiju de massa, quentinho e crocante com café segurava a farinhada. Antigamente as despensas das casas eram tomadas por sacos feitos de esteiras, cheios de farinha e palanques de rapadura cobertas por palhas de banana, para o consumo do ano inteiro. Para chegar à boca do saco tinha que botar uma escadinha. Para fazer a alegria das crianças, inúmeros beijuzinhos de massa eram armazenados nos grandes sacos e pescados pela cuia, ao se pegar a farinha.

No sertão, na hora do de-comer, a farinha não pode faltar. Para muitos é a primeira a ser colocada no prato, sem ela quase nada dá para comer. Quando não tem nada, ela vira o tudo. Seja na jacuba, quando é escaldada com café bem quente adoçado com rapadura, para pegar o batente do roçado, seja no caldo de convalescença para recuperar a saúde, feito com alho e um pedacinho de carne de sol picada. E a farofa d'água ou farofa fresca, tipo de angu cru, feita em minutos, bem temperada com cheiro-verde e degustada com ovo cozido? E a farofa de jiló verde frito? Como comer a galinha de parida sem pirão? E o pirão de peixe? E as paçocas doces e salgadas feitas no pilão? E o ovo cru batido com farinha e rapadura feito pelas crianças? Como comer de mão e fazer o bolinho capitão sem farinha?

A quenga, prato muito apreciado tanto nas festas como no dia a dia (o nome foi abandonado por também significar prostituta; hoje é mais conhecida como malamba), tem como base o fubá e a galinha. Caso falte o fubá, a farinha fina e crocante da região da Copioba, no Recôncavo Baiano, o substitui perfeitamente. Farinha essa que hoje é bem mais procurada do que a nossa farinha branca e caroçuda. Aliás, a ligação da Chapada Diamantina com o Recôncavo é bem mais antiga e diversa, passa pelo vaivém que alimenta a mente, o corpo e a alma.

E tem a brilhante tapioca, os cochos cheios, depurando a fécula para tirar a goma. Passa por um processo de fermentação parcial e é seca ao sol. Por meses é guardada para fazer uma variedade imensa de alimentos, inclusive nos nomes. Dos assados, temos o beiju, também conhecido como tapioca, o comum com manteiga, com recheios, e o de massa... Os finos, chamados cambraias, são granulados e viram bolo, pudim, mingau e cuscuz.

O biscoito de polvilho é chamado também de avoador, pêta, xiringa, papa-ovo, biscoito de vento. Nas novenas que precedem algumas festas religiosas na zona rural, principalmente as de Santo Antônio, São João e São Pedro, acontecem leilões com o intuito de arrecadar dinheiro para os gastos com os músicos que animam os festejos, com a compra das prendas e da comida para muita gente. Afinal são nove noites: das mulheres, das solteiras, dos homens, dos agricultores, dos garimpeiros, de alguma comunidade vizinha etc. Os gritadores de leilão são famosos, e muitos são mulheres: "Quanto mais eu peço mais eu acho!", "Quem dá mais nesse lindo leilão?", "Vou bater o martelo!". As prendas são as mais diversas, desde animais, objetos utilitários, os de deboche e as grades de avoador enfeitadas com papel crepom. Os retornados do Sul, principalmente de São Paulo, chegam cheios de saudade e de dinheiro. São eles que conseguem arrematar prendas em valores altos, ofertando-as com amor ou com deboche. Os leilões são animados e divertidos. No dia do santo um grande galho é fincado no chão, arrumada em seu pé a lenha que será queimada. Em cima do que será o fogaréu várias coisas são penduradas, inclusive as grades de avoador, para serem capturadas quando a fogueira desmoronar. Durante o dia as crianças visitam as fogueiras em pé para avaliar o que elas oferecem e para calcularem para que lado poderá cair. O importante é a hora de avançar para pegar alguma coisa. Tradição em desaparecimento, aqui e acolá...

Nos assados ainda temos o chimango, o fofó ou joão duro (o pão de queijo sem queijo), fofó na palha da banana, o ginete, o joaquim teodoro, o carocinho de jaca, também conhecido como cozido e assado ou biscoito d'água. O famoso bolo brevidade, feito de tapioca com rapadura.

Dos fritos, o estourador ou pomba de maroto, salgado e doce, o biscoito mentira e o bolinho de estudante ou punhetinha.

A puba, que também é uma farinha, é feita colocando a raiz de mandioca na água por alguns dias para amolecer e fermentar. Depois escorre a massa pubada, sessa na peneira e seca bem ao sol. Antigamente se encontrava puba na feira, hoje é mais difícil, dá muito trabalho para fazer e precisa de muita água. O bolo de puba é especial, assim como o cuscuz e o mingau. A puba também pode ser feita com o aipim.

A mandioca-mansa, mandioca de mesa, macaxeira ou aipim, também tem suas variedades: aipim manteiga, aipim peixe, aipim castelo, aipim pé de galinha, aipim santo amaro – este de raízes gigantes que eram cozidas na garapa da cana, nos grandes tachos, logo no início da feitoria da rapadura.

Há várias formas de degustar essa raiz brasileira, em pedaços cozidos, fritos, em caldo, purê, bolo... E os famosos pratos da culinária afro-baiana: o bobó de camarão e a maniçoba, esta com as folhas novas da planta.

A roça, a casa de farinha, o engenho onde faziam a rapadura, o quintal e a casa de moradia, tudo interligado por trilhas visíveis e invisíveis, que alimentam as lembranças, a imaginação e a nossa realidade. A feitoria da farinha exprime a força da solidariedade, ao contrário do que diz o ditado popular: "Farinha pouca, meu pirão primeiro!"

IÊDA MARQUES

Nasceu e reside em Boninal, Chapada Diamantina (BA)
É fotógrafa, roceira e criadora de abelhas sem ferrão

111

112

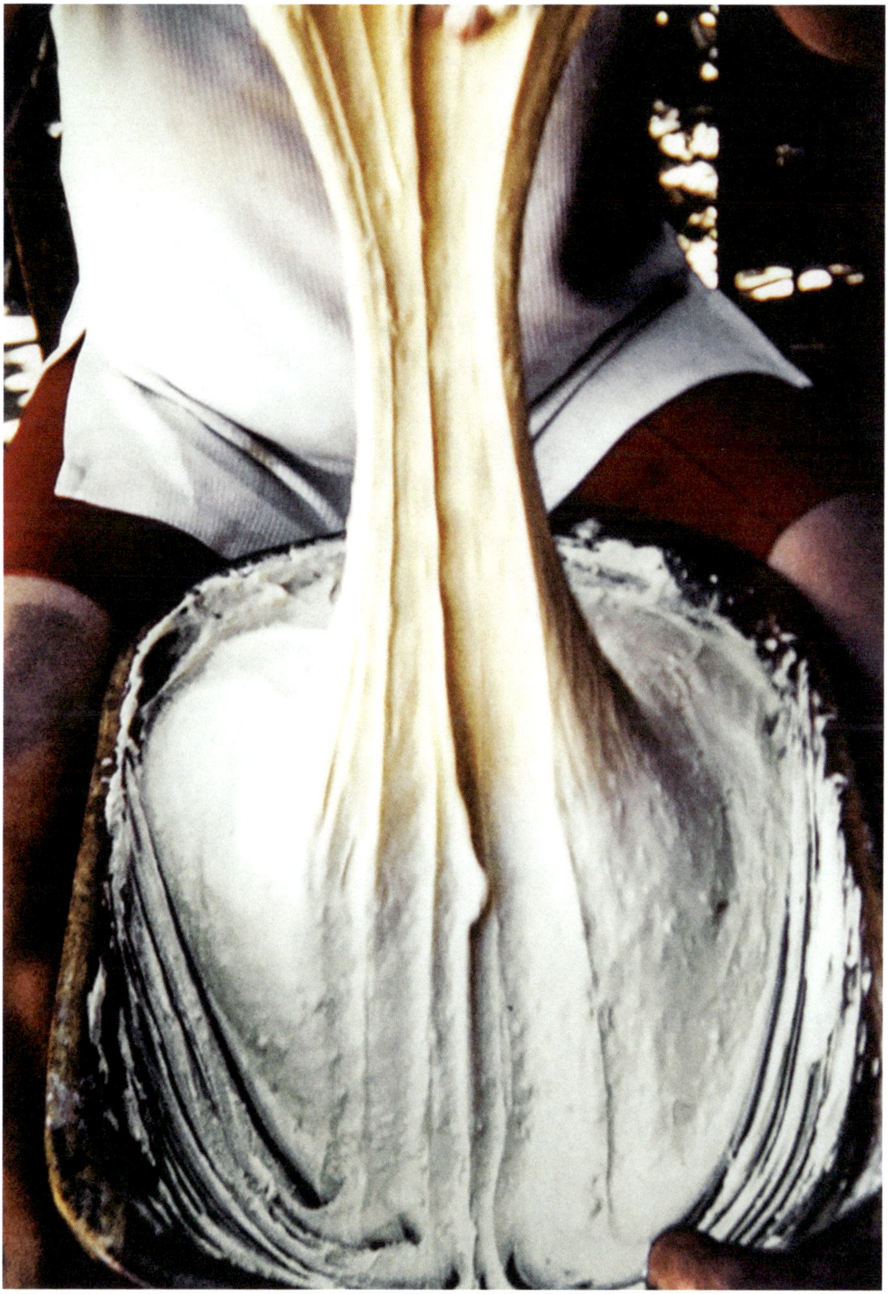

113

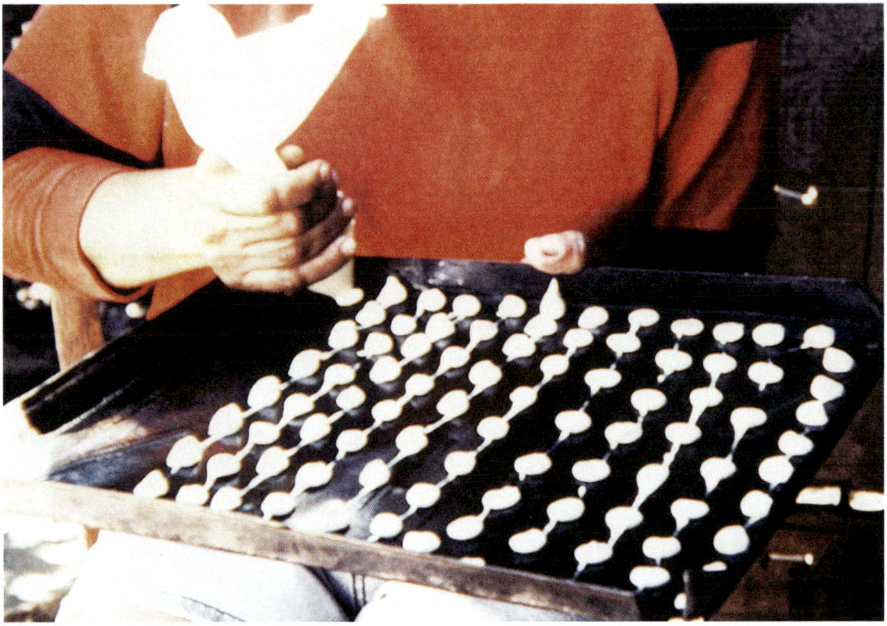

114

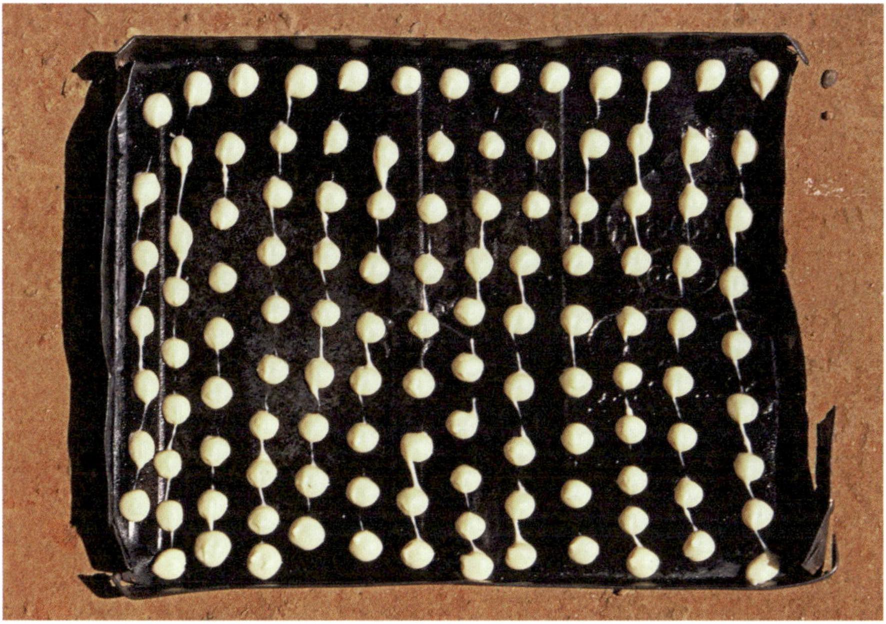

117

118

119

120

121

O CRU, O COZIDO E O FERMENTADO

Todo mundo aprende ou intui sobre a importância do fogo para o surgimento da civilização. Em um trecho do livro *O cru e o cozido*, Lévi-Strauss fala da passagem do ser natural para o ser cultural pelo domínio desse fenômeno que é o fogo. Não há o que contestar.

E aqui é preciso falar de um segundo fenômeno natural: o processo de fermentação, que foi domesticado e se tornou um saber decantado por gerações e gerações ao redor do mundo. Nos países temperados, ocorreu de forma mais expressiva – e mais difundida – por causa da necessidade de conservar alimentos durante o inverno. Mas não podemos subestimar a amplitude e a importância da fermentação nos países de clima tropical, universo com poucas referências disponíveis aos amantes da cultura alimentar. Ao se falar de fermentação na Amazônia, as referências mais conhecidas são as bebidas de milho, de batata, de frutas em geral. Mas aqui, é claro, o que entra em foco são os diferentes formatos de fermentação da mandioca: pubas, farinhas d'água, polvilhos, tucupi, mingaus e bebidas. Lévi-Strauss fala do retorno dos ingredientes à natureza, desse desfazer-se de forma natural, do apodrecimento. Pois a fermentação é o domínio e o controle desse processo natural, é o domínio e o controle do processo de apodrecimento. O que diferencia a fermentação do apodrecimento é justamente esse controle e, em várias culturas, comidas e principalmente bebidas fermentadas foram geradas a partir de grãos ou tubérculos disponíveis nas diferentes regiões: saquê com o arroz no Oriente; cerveja com trigo e cevada na Europa; cauim de milho, de batata ou de mandioca nas Américas. Desde o início da colonização, quando os viajantes-cronistas percorreram os sertões do Brasil em expedições científicas ou exploratórias, temos registro de bebidas fermentadas feitas de mandioca e de milho. Talvez isso explique por que a designação "cauim" acabou se tornando um nome genérico para bebidas fermentadas indígenas, quando há também as caiçumas, os caxiris, as coabas e os pajuarus.

Os Paresí, que vivem no Mato Grosso, designam como Festa de Chicha os eventos em que a sociedade se reúne para cantar, dançar e consumir olóniti, beberagem feita de polvilho torrado da mandioca-brava. Os Wajãpi, no Amapá, celebram o *paku moraita* (Festa do Pacu) consumindo muito *kasiri*. Exemplos seriam infinitos. Caiçumas são bebidas cremosas preparadas a partir de frutos fervidos, triturados em água, peneirados e depois colocados a fermentar para consumo antes de alcançarem algum teor alcoólico. Caiçuma de buriti, de pupunha, de banana, de batatas, ou desses ingredientes combinados, fazem parte do repertório de fermentados amazônicos. Tudo ligeiramente picante, levemente borbulhante, a sensação de acidez furtivamente mesclada ao adocicado dos amidos contidos na matéria-prima de base. O aluá, feito da casca de abacaxi levemente fermentada depois de separada da polpa, atravessa as fronteiras – muitos tiveram uma tia que oferecia aluá na hora do lanche, não é? Hoje sirvo aluá no D.O.M. e desperto esse prazer saudosista nas pessoas.

Para o senso comum, produtos fermentados podem ser considerados estragados. No entanto, é o oposto disso, pois foram manejados justamente para resguardar sua conservação, usando a força biológica com que seres vivos interagem sinergicamente com o meio ambiente para se alimentar, como nos explica Sandor Katz, um mestre da atualidade na arte de ensinar e redimensionar a importância da fermentação na trajetória da humanidade.

Assim, sem nenhuma pretensão de contestar Lévi-Strauss, ou corrigi-lo, sugiro que a civilização tenha se estruturado pelo domínio de três modos de interagir com a natureza para evoluir: aceitar o cru, promover o cozido e dominar o fermentado.

Exposto esse atrevimento, complemento-o inspirado em Heitor Villa-Lobos, quando declarou que não tinha ido à Europa para aprender música, e sim para ensinar uma maneira de compor. Creio que tenho perseguido esse mesmo caminho.

Meu trabalho consiste em regular os calores do fogo para transformar receitas com ingredientes comuns em pratos particulares. Nosso ofício contribui para temperar as perpétuas reinvenções das culturas.

Isto seria a arte de cozinhar.

123

Caxiri em processo de fermentação, na aldeia Wayana-Apalai, Terra Indígena Paru d'Este (PA)

QUANDO MANDIOCA VIRA BEBIDA

Caxiri ou cauim

A depender da técnica de preparo, do tipo de mandioca utilizada e do tempo de fermentação, pode atingir elevado teor alcoólico, além de sabores diferenciados. Muitas descrições incluem a presença de frutas no preparo.

Quando feito para mutirões, o caxiri é bem-vindo por alimentar braços cansados ao término da jornada de trabalho. Se produzido para festas, o grau de fermentação mais elevado é desejável e o que se espera, nesses casos, é fartura. É comum que um preparo iniciado na véspera seja franqueado às crianças, um alimento saudável que lembra muito a coalhada de leite animal. Aliás, algumas variedades específicas de mandioca são cultivadas exatamente para essa finalidade – uma bebida levemente fermentada, muito branca, consumida de manhã. A experiência diz, no entanto, que, quando se trata de bebida bem fermentada, não é de bom-tom deixar sobrar. Se lhe oferecem uma cuia, beba tudo até o final. Recusar é permitido, mas devolver cuia semicheia, jamais. E que fique logo esclarecido que sim, o processo de preparo costuma envolver a saliva, prioritariamente das mulheres e em alguns casos de crianças. É a saliva que fornece as enzimas necessárias para a quebra do amido. O processo, tecnicamente conhecido como sacarificação, é o que transforma o amido da mandioca em açúcares simples, acessíveis às leveduras. A transformação desses açúcares em álcool, trabalho realizado pelas leveduras que naturalmente estão presentes no ambiente tradicional de preparo (no ar, na casca da mandioca, no cocho que recebe o mosto etc.), é a fermentação.

De maneira alguma toda a mandioca será mastigada, os dentes trabalhando como liquidificador, e cuspida de volta ao cocho (canoas de madeira fora de uso são utilizadas e, hoje em dia, imensas panelas de alumínio também). Nada disso. O método é colocar uma ou duas porções da massa ralada na boca e devolvê-la ao local em que vai ser coberta com folhas de bananeira para fermentar.

Dependendo da etnia, há caxiris feitos a partir de beijus bem torrados, mergulhados em uma papa de batata-doce ou outra papa com maior teor de açúcar, como de banana, para que essa doçura natural ative o processo de fermentação. Prepara-se a bebida com beijus bem torrados entre os Tuyuka do rio Tiquié (AM); também entre os Wayana e Aparai no rio Paru de Leste, e entre os Tiriyó e Kaxuyana no rio Paru do Oeste (no norte do Pará e pequena faixa do Amapá). Entre os Ticuna, os caxiris resultam da massa ralada e espremida da mandioca crua, diretamente colocada para fermentar em panelas de alumínio, com a adição mínima de tubérculos ou frutas açucaradas.

124

Esta gravura consta no livro do explorador alemão Karl von den Steinen sobre sua expedição à região do rio Xingu entre os anos 1884 a 1888 e foi identificada como Festa do Caxiri, do povo Juruna (que hoje se autodenominam Yudjá)

-FEST.

S. 266.

125

Festa do caxiri celebrada pelos Wayãpi em 2009, Terra Indígena Wayãpi (AP)

126

Aqui e nas páginas seguintes, a família da casa vai festejar a menina que entrou na puberdade (Festa da Moça Nova). Sua mãe prepara pajuaru para os convidados. Parentes próximos ajudam em algumas etapas, chacoalhando os ramos de abieiro sobre a massa e cantando, acompanhados de tocadores de tamborins para que tudo saia a bom termo

Pajuaru

Bebidas tradicionais diferentes entre povos indígenas também podem receber um mesmo nome. É o caso do pajuaru (ou paiauaru). No Rio Negro, pajuaru é o nome dado pelos Baré a uma bebida feita com abacaxi e garapa de cana. Já entre os Ticuna, habitantes de extensa região do Alto Rio Solimões, pajuaru é feito de mandioca e, geralmente, para as grandes festas. No cotidiano e para os mutirões do dia a dia, consome-se caiçuma ou caxiri.

O preparo do pajuaru difere do caxiri porque a transformação do amido em açúcares não é realizada pela saliva, mas sim por enzimas produzidas por mofos autóctones (fungos) que espontaneamente se desenvolvem na massa. Outra diferença é que a massa é submetida à fermentação no formato de grossos beijus, ligeiramente

127

128

129

selados no calor do fogo. Esses beijus são acomodados em folhas de bananeira estendidas sobre o piso da casa, entremeados com folhas de mandioca desidratadas e esmigalhadas. Diariamente, a dona do pajuaru retira a cobertura de folhas da massa, volume que pode variar de 20 a 30 centímetros de altura e aproximadamente 1,5 a 3 metros de extensão, borrifando tudo com água morna. Para isso, usam as mãos ou galhos de abieiro, "bons para adoçar a massa", explicam. De dois a três dias a operação se repete até que a massa revele uma quantidade de borbulhas que indicam o momento de ser transferida para imensas igaçabas.

No interior do pote, a uns 10 centímetros de altura do fundo, é instalado um trançado de varetas para sustentar a massa que aos poucos vai exsudando um líquido límpido, dourado e borbulhante que se recolhe no fundo da

No fundo da igaçaba de barro é instalado um jirauzinho de varas para sustentar a massa de mandioca pré-fermentada que estava esparramada sobre folhas de bananeira no chão da cozinha

igaçaba. Isso corresponderá a bem menos de um décimo do volume total da massa que fermentou. Somente convidados especiais e pessoas importantes desfrutam da preciosidade, um misto de espumante semi brut com cerveja tipo ale. A massa grossa e borbulhante que estava acima vai ser dissolvida em água até a consistência de caldo grosso, para ser consumida em cuias. Alimenta, embebeda e, conforme a fartura, revela a generosidade dos anfitriões.

Na fase de fermentação inicial que antecede a transferência da massa para as igaçabas, as crianças da casa e da vizinhança se arvoram a ganhar uns bocados que ficaram adocicados e com aroma de massa levedada de pão.

Caxiri pronto para beber, aldeia Wayana-Apalai, Terra Indígena Paru d'Este (PA)

Chibé

Chibé é farinha mergulhada na água e ponto final. É, por excelência, a bebida que refresca; ou, quando necessário, uma refeição expressa, portátil. Em excursões de caça, incursões para a roça, caminhadas para visitar parentes, leva-se na bagagem pessoal uma rede com mosquiteiro, uma cuia e um saquinho de farinha. Se não houver tempo para pescar ou caçar, toma-se chibé. O preparo é simples: um punhado de farinha despejada na cuia sobre a qual se coloca água; agita-se em círculos, os punhos familiarizados com o gestual, e nada mais.

Quando a jornada é mais longa, o viajante precavido faz a mesma mistura, mas deixa a farinha inchando na cuia alojada no fundo da canoa. Assim a bebida se transforma em comida. Para descer garganta abaixo, acrescenta-se mais água à papa fria. E o melhor de tudo é que é bem gostoso. A surpresa é que, ao se tomar chibé, tem-se a sensação de que a água está gelada. "Água de geladeira de indígena", brincam ao compartilhar da refrescância.

Nesse sentido, poderíamos incluir o chibé no rol dos fermentados, porque a sensação de gelado na boca ocorre em função da acidez da farinha puba, a mais apreciada entre os amazônidas. Farinha seca, fina e sem grumos é "igual areia", avaliou com desdém um Ticuna diante de uma alva farinha baiana.

Cabe outra ressalva. No Amapá e no Pará, o chibé tem uma consistência mais parecida com a de pirão. É um chibé que mais alimenta do que sacia a sede, preparado com farinha grossa inflada na água e depois temperado com limão e pimenta.

132

Chibé de açaí, chibé de buriti e chibé de água e farinha na comunidade Canadá, próxima ao rio Ayari, na Terra Indígena Alto Rio Negro (AM)

133

Chibé de açaí, chibé de buriti e chibé de água e farinha na comunidade Canadá, próxima ao rio Ayari, na Terra Indígena Alto Rio Negro (AM)

Catimpuera

Também conhecida como catanguera, tucanaíra ou saburá (este último homônimo do pólen fermentado encontrado em colônias de abelhas nativas sem ferrão). São diferentes nomes para um fermentado de mandioca em que o mel é que ativa o processo de fermentação.

Tiquira

É o único destilado feito de mandioca cuja origem remonta à região abrangida por Maranhão, Ceará e Piauí. Não existem estudos que confirmem se o processo de destilação já era de domínio indígena, ou se os povos adaptaram a fórmula da fermentação depois de serem introduzidos às aguardentes pela violenta colonização. O que é interessante é que, assim como o pajuaru, a etapa inicial da fabricação da tiquira conta com a fermentação de grandes beijus de mandioca. Devemos considerar que seria a tiquira a legítima aguardente ou destilado brasileiro, já que a cana-de-açúcar nos foi introduzida com a colonização? Sim, a tiquira é o destilado 100% original do Brasil. Cachaça é o destilado da cana-de-açúcar e tiquira é o destilado da mandioca. São bebidas distintas, cada uma com seu nome próprio.

Hoje, os maranhenses são os maiores produtores e consumidores. Tida como sua bebida tradicional, está em fase de ser decretada patrimônio do Maranhão. O produto mais popular, entretanto, merece cuidados. É preciso lembrar que a matéria-prima de origem é tóxica e também que é costume local consumir uma versão de coloração rosada ou violeta-clara. Diz-se que essa cor é alcançada com o acréscimo de folhas de tangerina, o que não é verdade. Às vezes a tiquira do interior tem uma coloração azulada devido ao excesso de cobre dos alambiques que não sofrem a devida manutenção.

Mas os tempos mudaram. A empresária carioca Margot Stinglwagner, descobrindo em suas viagens ao Maranhão tratar-se a tiquira de uma aguardente de mandioca, decidiu investir na construção de uma pequena indústria ali mesmo no estado. Desafiou-se a produzir uma tiquira de qualidade e padrão, dentro das rígidas normativas que existem especificamente para a tiquira e para cumprir os requisitos do Ministério da Agricultura, Pecuária e Abastecimento. Algumas coisas mudaram, como abrir mão dos beijus e cozinhar a massa ralada da mandioca. A tiquira dos alambiques artesanais de Margot é incolor, frutada e, com nossa mania de querer comparar com o que vem da Europa, poderíamos dizer que chega bem perto da aguardente de pera, a poire. Tem sido premiada no exterior e o próximo passo de Margot é certificar o produto como orgânico, o que demanda grande empenho dos produtores locais em adaptar suas práticas de cultivo. A produção permanece no Maranhão e resguarda o vínculo do produto tradicional com suas origens, por isso a tiquira Guajá está incluída na Arca do Gosto do Slow Food.

3

INOVAR É MANTER A TRADIÇÃO

CULTURA
É TRANSFORMAÇÃO

A mandioca é uma raiz comestível e ponto final. E dela se faz a farinha e mais um ponto final. Mas poucos sabem de suas virtudes ocultas.

No D.O.M., a equipe liderada por mim, Geovane Carneiro e Rubens Salfer encara todos os dias o desafio de pesquisar outros modos de explorá-la para além do seu formato *in natura*. Alguns povos da Amazônia dão as pistas de que é possível agregar a pratos já consagrados pela gastronomia os elementos que a matéria-prima contida na mandioca tem a oferecer. Os mingaus, o tucupi e as bebidas fermentadas demonstram o virtuosismo do tubérculo.

Ao redor do mundo, meus colegas de profissão seguem à risca métodos tradicionais de cocção para preparar ingredientes que não necessariamente eram conhecidos no tempo em que a receita foi inventada (ou registrada). Assim surge o novo, a partir da tradição. De maneira inversa, nosso ofício nos leva a utilizar ingredientes tradicionais de maneira pouco usual, para chegar a novos sabores ou sensações. Assim quebra-se a tradição, agregando-lhe o novo.

A partir daqui, apresentamos os pratos e as histórias por trás das receitas que integram o Cardápio Pré-Descobrimento que veio culminar na comemoração de 20 anos de existência do D.O.M. e no qual a mandioca é a protagonista. Compartilhar essa trajetória é o melhor jeito de homenagear a todos os brasileiros e demonstrar o respeito devido às constantes "tentativas e erros" da incansável equipe da nossa cozinha.

Bala de cachaca

Esta bala é um dos nossos orgulhos. Segue a tradicional técnica da bala de licor, que vem sendo consumida pela vida, mas ninguém tinha ido atrás de como aquilo era feito.

A bala de licor resulta de uma quantidade exata de açúcar e álcool cozidos de modo a deixar o açúcar cristalizar por fora, mas ainda mantendo o álcool por dentro. Mas como cristalizar? Fazemos uma calda com água e açúcar e, quando atingem exatos 116 °C, retiramos do fogo e juntamos a cachaça crua. A temperatura diminui, só que a calda mantém o álcool, justamente por causa da temperatura do cozimento.

Outro processo de pesquisa se deu com o polvilho, e tem que ser com o doce pois com o polvilho azedo não dá certo. Foram mais de dois anos tentando chegar a um resultado satisfatório até descobrirmos que o polvilho precisa estar fino e seco como talco. Para tanto, fica horas e horas em uma panela sem nenhum pingo de umidade, em fogo baixo e muito bem regulado. É obrigatório garantir que seja constantemente mexido para não queimar. Esse polvilho finíssimo será a camada externa da bala. O passo seguinte é espalhar esse polvilho finíssimo em uma assadeira grande e fazer uma cavidade (como não existe um formato específico para essa bala, até uma tampinha de garrafa plástica pode servir como molde). Basta prensar a camada de polvilho com os dedos ou o molde, despejar a calda de cachaça na cavidade, cobrir com outra camada de polvilho e pronto. Essa bala de cachaça vem sendo servida no D.O.M. com uma lâmina de limão cristalizado por fora. Para o cardápio comemorativo dos 20 anos, demos um passo além. Conseguimos deixá-la translúcida, o que nos tentou a inserir uma formiga içá em seu interior. O resultado nos remete ao âmbar, a algo pré-histórico. O perfume de capim-santo exalado pela formiga combina maravilhosamente com a cachaça.

Beiju de mandioca

As pessoas costumam perguntar se recriamos o beiju. A resposta é não. Seguimos o modelo tradicional indígena, aquele que é feito exclusivamente pelas mulheres e que testemunhamos ser muito presente no Pará. As variações do beiju são muitas Brasil afora – o beiju crocante, as tapiocas mais conhecidas, servidas com recheios; algumas mais docinhas, até com baunilha.

O beiju do DOM é feito com a massa da farinha pubada, aquela que sai ainda úmida do tipiti e que dá um sabor ligeiramente fermentado, muito característico desse tipo de beiju. Para dar liga, estabilizar, ficar mais gomoso, agregamos um pouco da goma, que é mais conhecido como polvilho, aquele dos pacotes encontrados no supermercado, o doce e o azedo.

Calda de fruta crua

O exercício da confeitaria é difícil, quase misterioso. Fazer caldas, purês, coulis ou compotas com frutas frescas pode ser muito frustrante, pois o resultado quase sempre não corresponde ao sabor e ao perfume da fruta quando crua. Ao amassar um morango, a fruta libera um perfume intenso e encantador que não perdura no prato pronto. O termo técnico para isso é "aroma volátil"". Os aromas desaparecem na nossa frente, e parece não haver manipulação que dê conta de impedir esse fenômeno detectável pelos sentidos apenas nos primeiros instantes. Além disso, a perda da acidez durante o cozimento é comum. Imagine-se, então, trabalhar com frutas brasileiras como cajá, umbu, bacuri, uvaia e tantas outras que são ácidas e bastante perfumadas.

O que estava em jogo para o preparo desta receita era enfrentar a volatilidade do aroma da fruta crua e manter a acidez de uma calda a ser usada no restaurante. Trabalhando intensamente na cozinha, imergindo, estudando e explorando técnicas, teríamos que tentar vencer esses desafios.

Ao longo dos anos, cada vez mais fascinados com a versatilidade da tapioca, descobrimos ser um ingrediente fabuloso para engrossar caldos com menos interferência no sabor, como ocorre com o tradicional roux – a mistura de manteiga com farinha tostada – ou o amido de milho. Diferente dos demais, a tapioca, uma vez fria, precisa ser reaquecida para se integrar ao novo líquido e agir como espessante. Mas nossas experiências nos fizeram entender que a curva de redução de temperatura do amido da mandioca é bem mais lenta.

As referências de infância emergiram: não havia coisa mais gostosa que amassar morangos com o garfo, jogar açúcar em cima e esperar que derretessem e formassem uma calda cheirosa, bem vermelha. Pois bem, fizemos o mesmo: produzimos uma calda de morango macerado no açúcar, trouxemos a tapioca a uma temperatura morna de mais ou menos 40 °C e nela fomos incorporando a calda fria de morango. Foi assim que conseguimos, pela primeira vez na vida, fazer uma calda de fruta espessa com gosto de fruta crua para usar em uma sobremesa.

A técnica se tornou um dos grandes trunfos do D.O.M. e dela somos orgulhosos, sobretudo pelas possibilidades que proporciona, como transformar a calda em sorvete para ver quanto tempo o sabor e o aroma conseguem perdurar.

Dentro do mesmo princípio de espessar uma calda de fruta com tapioca, existe mais um caminho, que é combinar a tapioca e uma calda de fruta, congelar essa mistura e depois passar na pacojet, uma máquina parecida com uma sorveteira. Em vez de sorvete, o que se produz é uma raspadinha, quase neve, com a diferença que propriedade estabilizante da tapioca ajuda a retardar o derretimento do cristal de gelo. Não incorporamos essa aplicação da tapioca neste livro porque não foi desenvolvida no D.O.M., mas deve ser citada como referência de trabalho de amigos chefs europeus.

Costumávamos usar a fécula do milho como espessante. Substituída pela da mandioca, percebemos uma melhora na capa de cima do cozimento, que é mais constante. Isso porque o amido da mandioca é mais longo que o do milho. É a única diferença. Quando é preciso dar consistência a um molho, é costume diluir o espessante em água fria para depois agregá-lo ao prato. Por engano, certa vez um dos nossos estagiários colocou a mistura para esquentar antes e o resultado virou aquele estica-e-puxa, como nos testes para fazer o moti. Na linha de desperdício zero na cozinha, pusemos o "grude" na geladeira até pensarmos em como poderia ser aproveitado.

Dias depois, em mais uma tentativa de conseguir uma calda mais firme, sem usar o calor, batemos o sumo do morango com o "grude" na proporção de 1:1. Foi então que chegamos exatamente à liga que queríamos sem precisar de fogo, mantendo 100% da acidez e do frescor do morango e aproveitando aquele estica-e-puxa que seria desprezado.

Conseguimos excelente resultado com cajá, umbu, uvaia e até o sabor floral do bacuri ficou latente. Por ter o amido longo, a solução de tapioca a frio é texturizadora e estabilizante, o que permite prepararmos uma calda de frutas cruas fina e emulsionada. Chegamos a adotar essa tapioca transformada como estabilizante de um sorvete salgado, de pimenta-de-cheiro, que deu muito certo.

Tapioca frita

Esta é uma receita 100% criada na cozinha do D.O.M. E foi muito legal como chegamos a ela, pois foi um passo a mais dos testes feitos para o moti.

Grosso modo, é a tapioca diluída em muita água, bem leitosa, que vai para a panela e fica cozinhando por muito tempo, quase 50 minutos, até engrossar bem. Esta massa é colocada ainda quente em um saco de confeiteiro, modelada em bolinhas e depois frita. A bolinha fica oca por dentro, fazemos um furinho e recheamos com queijo da Canastra ou uma geleia de frutas. A casca fica crocante.

Suflado de mandioca

É mais uma conquista das experiências realizadas no D.O.M. Mas é resultado de uma inspiração que tem como origem a estadia do chef Rubens no restaurante de Juan Mari Arzak, em San Sebastián, no País Basco.

O suflado é, de modo geral, bem parecido com a batata soufflé francesa, mas a técnica para conseguir o resultado não tem nada a ver com a espessura do corte da matéria-prima, no nosso caso a mandioca. Arzak trabalhava muito com a diversidade de farinhas, a de milho, a de trigo, até de semolina de mandioca para produzir seus suflados. Então, voltar e testar a receita com as nossas farinhas de mandioca foi um desafio natural.

A farinha-d'-água veio dar um sabor especial ao nosso suflado. O que preparamos e servimos no D.O.M. nada mais é do que farinha de mandioca e água. A técnica não é nossa, mas a adaptação ficou excelente. Conseguimos melhorar muito o resultado final, se comparado ao do restaurante de Juan Mari Arzak, certamente porque nossa farinha d'água é de qualidade superior.

Para ninguém se atrapalhar na hora de fazer um suflado de mandioca, é imprescindível bater a farinha crua no liquidificador para garantir que fique bem, bem fina, um pó.

Levamos dois anos para apresentar o suflado no cardápio. Quando aconteceu, foi acompanhando bobó, que nada mais é do que mandioca e camarão. Então o que fizemos? Em vez de triturar o camarão para preparar o creme, atropelamos o camarão! Abrimos o camarão cru pela barriga, colocamos espalmado num saco a vácuo, salgamos um pouco e batemos até esticar como um tapete. Depois cozinhamos por 30 segundos em água, ficou parecendo mármore. Cortado superfino, o camarão é acomodado no oco do suflado de mandioca.

O prato inteiro nada mais é do que mandioca e camarão. A pessoa come um pedaço do suflado crocante e vai recheando o restante com o creme e o camarão. Fazia muito sentido criar um prato desses, pela história do bobó, e apresentá-lo dessa forma em um menu degustação que exalta a mandioca.

Moti de rapadura

Aqui podemos fazer uma correlação entre o moti tradicional do Japão e o moti produzido a partir de uma adaptação com ingrediente brasileiro.

Nosso moti surgiu a partir de um desafio. Em um evento, um chef japonês fez um moti usando a fécula da raiz de uma variedade de samambaia – é a fécula mais cara que existe. Ela contém um amido muito, muito longo. A raiz é cozida por um bom tempo, geralmente com adição de mel ou algum xarope, ou massa de feijão, que é adocicada. Ele cozinhou e mexeu a massa por uns 45 minutos, até que foi se transformando em uma goma bem elástica. Depois, colocou a massa em um saco de confeiteiro e foi pingando em água com gelo, formando umas bolinhas que pareciam chiclete. Serviu com sorvete de matcha, totalmente tradicional japonês, uma coisa realmente de outro mundo.

A partir daí, nos propusemos a fazer esse moti. Usamos a mesma técnica mas com tapioca hidratada e misturada com água. Cozinhamos por 45 minutos naquele estica-e-puxa sem fim, colocamos a massa no saco de confeiteiro, pingamos as bolinhas na água com gelo e... nada. Não ficava bom, desandava. Até que um cozinheiro da equipe, coreano, vendo a trabalheira comentou: "Minha mãe faz isso, só que no micro-ondas e com farinha de arroz". Farinha de arroz glutinoso! Isso não deixa de ser um dos ingredientes mais tradicionais do moti japonês.

Com a receita da mãe do cozinheiro em mãos, repetimos a mistura que havia sido feita em fogo comum, mas dessa vez no micro-ondas. Deu certo! Só faltava achar as proporções mais adequadas para chegar ao ponto perfeito.

Testamos e chegamos à mais simples: uma medida de água, uma de tapioca e uma de rapadura. O procedimento também precisa ser específico, pois no micro-ondas a agitação das moléculas é diferente: 1 minuto e começa a cozinhar só a borda. Então é preciso mexer, jogando a massa da borda para o meio, como se fosse uma tortilha espanhola... Vai coagulando nas bordas, joga-se para o meio e assim por diante. Quatro minutos! Vai para o saco de confeiteiro e pinga-se sobre água e gelo. Ficou no ponto exato do moti japonês, só que com ingredientes brasileiros.

Nhoque de puba

Esta receita entrou mais recentemente no cardápio do D.O.M. e se originou da tradição culinária familiar de uma grande amiga. Ela é paraibana e ótima cozinheira, e sempre dizia que em casa comia nhoque de farinha de mandioca. Não conseguia reproduzir a receita em São Paulo por não encontrar a farinha adequada. Um dia, em uma viagem ao Piauí, ela encontrou uma farinha parecida com "aquela-que-mãinha-usava-para-fazer-nhoque" e assim foi possível explorar a receita. Comparada com a farinha usada no D.O.M., a que veio do Piauí era muito mais fininha, parecia do Uarini, só que batida no liquidificador para ficar bem fina. Talvez seja um subproduto da farinha d'água, o que sobra de mais triturado da produção, pois na Paraíba essa qualidade usada para fazer nhoque é até vendida mais barata.

Peneiramos e hidratamos a farinha d'água usada no D.O.M. e seguimos a receita tradicional do nhoque, só que sem trigo e sem batata, mas com queijo da Canastra e água. A graça é que a farinha d'água é meio amarelinha e deixa o nhoque com a cor da batata. Visualmente fica igual ao convencional. Para incrementar, douramos cada um em um pouco de manteiga, o que resulta em uma camadinha crocante por fora e um purê por dentro.

Para acompanhar, fervemos o queijo da Canastra para soltar o soro, que deixamos talhar. Depois, passamos em um coador bem fininho e aproveitamos o líquido. Para finalizar e explorar novos sabores, ralamos puxuri por cima de tudo. Mais uma vez a farinha de mandioca foi enaltecida.

Telha de tapioca

Receita muito antiga do D.O.M. Surgiu do acaso da tentativa, do erro e do acerto. Foi Geovane quem conseguiu chegar a ela.

Diariamente deixávamos um sagu pré-cozido, só com aquele pontinho branco por dentro, para terminar de cozinhá-lo no tucupi, o que era usado como acompanhamento de peixe. O resultado ficava maravilhoso.

Toda noite sobrava um pouco desse pré-preparo de sagu sem sabor. Um dia o Geovane resolveu bater essa sobra no liquidificador para ver no que dava: virou "sagoma", uma massa que ele resolveu esticar, colocar no forno e descobrir no que dava. O resultado foi uma surpresa: uma telha transparente parecendo cristal.

BALA DE CACHAÇA

1 kg	de polvilho doce
9 ml	de água
30 g	de açúcar
14 ml	de cachaça

(1) Em uma panela média, coloque o polvilho e leve ao fogo baixo para secar bem, mexendo sempre para não queimar, até obter uma consistência parecida com talco. O processo pode demorar até um dia.

(2) Em outra panela, coloque a água e o açúcar e leve ao fogo médio até atingir 116 °C. Quando atingir essa temperatura, retire do fogo e adicione a cachaça, mexendo bem; esta é a calda de cachaça. Reserve.

(3) Esquente o polvilho já seco até chegar a 90 °C. Peneire ⅔ dele em uma assadeira pequena, deixando sua superfície reta e lisa. Coloque forminhas de quindim na superfície do polvilho peneirado e afunde-as, a fim de criar um molde. Retire as forminhas cuidadosamente com o auxílio de uma pinça.

(4) Preencha os moldes no polvilho com a calda de cachaça, sem deixar transbordar. Peneire o restante do polvilho quente por cima dos moldes com a calda. Cubra com papel-alumínio e deixe descansar de um dia para o outro.

(5) No dia seguinte, retire as balas e remova o excesso de polvilho com um pincel limpo.

135

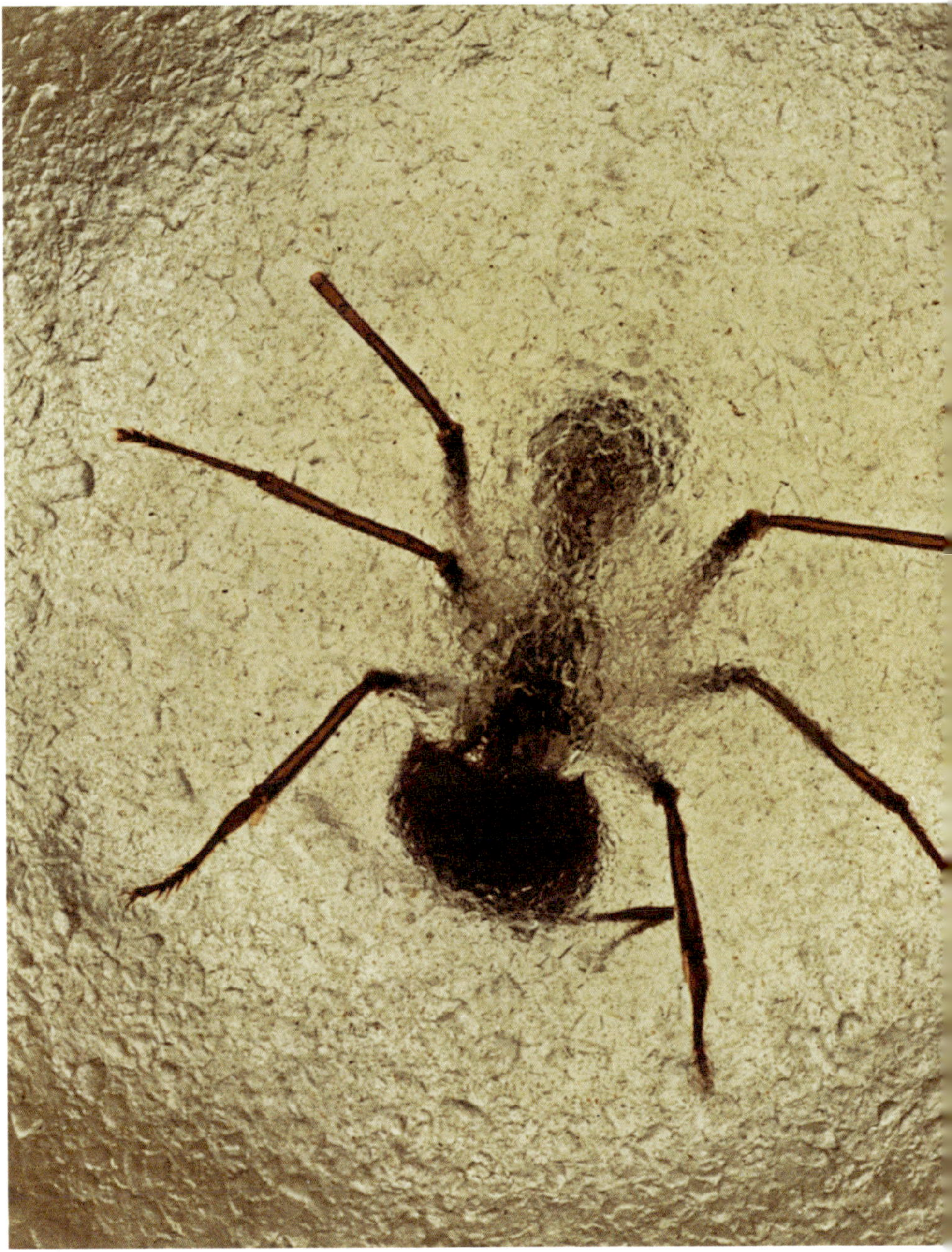

BEIJU DE MANDIOCA

280 g	de farinha d'água
360 ml	de água
10 g	de sal
200 g	de tapioca
40 ml	de manteiga de garrafa

(1) Misture a farinha d'água com a água e o sal e deixe hidratar por 10 minutos. Em seguida, adicione a tapioca a essa mistura. Divida em quatro porções de aproximadamente 100 g cada e reserve.
(2) Divida a manteiga de garrafa também em quatro partes de 10 ml cada. Reserve.
(3) Em uma frigideira de 25 cm de diâmetro preaquecida, disponha uma porção da mistura de farinha e tapioca e cozinhe em fogo médio até formar um disco, como uma panqueca. Retire o disco do fogo e regue com uma das partes da manteiga de garrafa.
(4) Repita o mesmo processo para as outras porções da mistura e partes da manteiga de garrafa.
(5) Corte os discos em quatro e sirva.

137

CALDA DE FRUTA CRUA

250 g	de morango
38 g	de açúcar
125 ml	de água
15 g	de goma de tapioca

(1) Macere o morango com o açúcar e, em seguida, bata no liquidificador.

(2) Peneire e transfira para uma panela com a água e a goma de tapioca. Leve ao fogo e cozinhe até engrossar.

(3) Coloque pequenas quantidades em um bowl e leve-o a uma máquina de vácuo na potência máxima. Feche a máquina e espere que o líquido comece a borbulhar dentro do bowl; cuidado para não deixar que a calda transborde. A máquina de vácuo vai tirar todo o ar da calda e deixá-la bem vermelha.

139

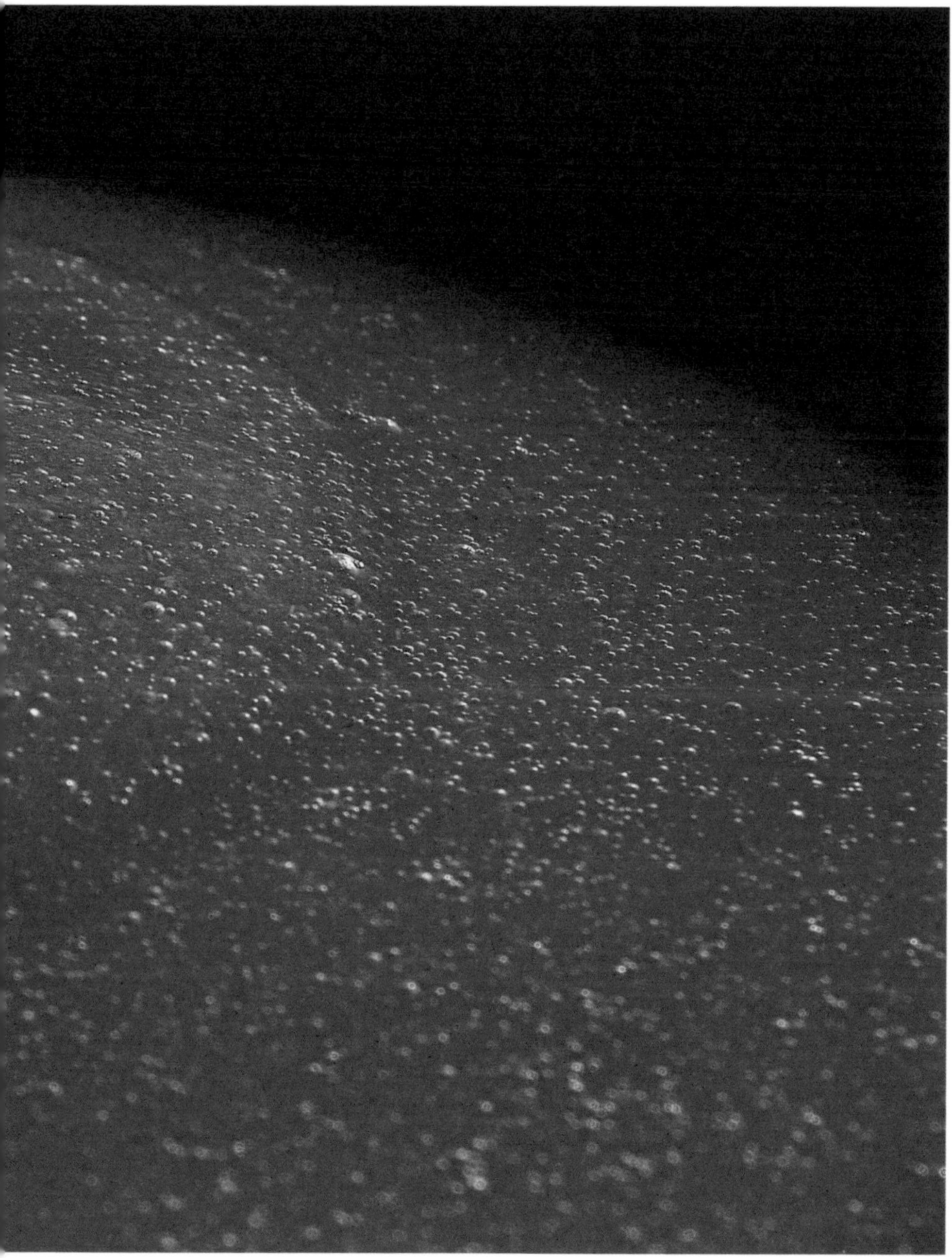

SUFLADO DE MANDIOCA

110 g	de farinha d'água
100 ml	de água
	uma pitada de sal

(1) Triture a farinha d'água no liquidificador e depois misture com a água e o sal.

(2) Com as mãos molhadas, modele bolinhas do tamanho de uma bolinha de pingue-pongue aproximadamente. Com o auxílio de um cilindro ou rolo de massa, abra essas bolinhas uma por uma.

(3) Frite os disquinhos em óleo bem quente (180 °C) até que inflem. Neste ponto, retire-os do fogo e espere que esfriem para ficarem crocantes.

MOTI DE RAPADURA

	CALDA DE ERVAS
150 ml	de água
75 g	de açúcar
2 g	de erva-mate
	raspas de ½ limão
	suco de ½ limão

	MOTI
50 g	de rapadura
50 ml	de água
30 g	de tapioca

Calda de ervas

Em uma panela média, coloque a água, o açúcar e a erva-mate. Leve ao fogo até ferver. Coe e adicione as raspas e o suco de limão. Espere esfriar para usar.

Moti

(1) Coloque todos os ingredientes em um refratário e misture. Leve ao micro--ondas por 30 segundos. Retire e mexa cuidadosamente. Repita o processo até completar 4 minutos, ou seja, oito vezes no total. A mistura vai ficar com uma consistência gelatinosa.

(2) Transfira a mistura para um saco de confeiteiro e solte a massa do moti sobre uma assadeira cheia de água e gelo, criando pequenas “minhoquinhas”.

(3) Corte os motis do tamanho que desejar e lave-os em água corrente. Eles ficarão grudados depois de um tempo, mas basta despejar a calda de ervas sobre eles e soltá-los cuidadosamente com as mãos.

NHOQUE DE PUBA

65 g	de farinha de puba
30 g	de queijo parmesão
13 g	de tapioca
	uma pitada de sal
125 ml	de água
50 g	de manteiga de garrafa

(1) Triture a farinha de puba no liquidificador e depois peneire em um bowl.
(2) Em seguida, adicione o queijo, a tapioca, a pitada de sal e, por último, a água. Misture até incorporar os ingredientes. Sove a massa até que ela esteja bem uniforme. Com as mãos, modele um rolinho de 2 a 3 cm de diâmetro. Com uma faca, corte pedaços de 2 cm e reserve.
(3) Em uma panela média, despeje água até a metade da altura e leve ao fogo médio até levantar fervura. Em seguida, tempere com uma pitada de sal e coloque os nhoques. Espere que cozinhem até virem à tona.
(4) Com uma escumadeira, retire os nhoques que estão na superfície e resfrie em água gelada para interromper o cozimento. Escorra o excesso de água e reserve.
(5) Com a frigideira no fogo médio, coloque a manteiga e os nhoques. Com uma colher, regue os nhoques com a manteiga derretida até que fiquem levemente dourados e crocantes.

144

TELHA DE TAPIOCA

350 g	de farinha de puba (farinha de mandioca fermentada)
350 ml	de água alcalina
1	colher (café) de sal
1	xícara cheia de tapioca
1	máquina de waffle

(1) Para preparar a massa, coloque a farinha de puba em um bowl. Hidrate-a com a água, tempere com o sal e deixe a mistura descansar por 5 minutos. Passado esse tempo, solte com um garfo os grumos de farinha que se formaram.
(2) Em outro bowl, passe a tapioca por uma peneira e depois misture-a à farinha de beiju já hidratada.
(3) Em seguida, prepare a telha de beiju: disponha uma camada fina da massa na máquina de waffle. Deixe dourar até que a telha fique firme e crocante.

147

O PRAZER DE ABRIR AS PORTAS DE CASA

Amigos são amigos porque nos acolhem, nos respeitam e nos ensinam. Para este livro, trouxe alguns amigos como forma respeitosa de retribuir-lhes o carinho e o companheirismo e agradecer pelos ensinamentos que me propiciaram.

O barreado de Mara Salles

Se preparado com boas carnes e temperos, respeitando o tempo correto de cozimento, não tem porque um cozido não ficar gostoso. Consta que barreado é um derivado de cozido. Um dia Mara Salles me serviu seu barreado. Perplexidade. Ela disse que não tinha segredo a revelar, tanto é que nos ensina a prepará-lo aqui. Mas o barreado da Mara Salles é de uma delicadeza ímpar, o oposto do que o nome do prato sugere. Só pode ser por causa da farinha polvilhada de Santa Catarina. Será?!

O tucupi da família Martins

Paulo Martins militava pela gastronomia brasileira e pelos ingredientes paraenses e deixou um legado que a família preserva à altura. Graças a Tânia, Joanna e Daniela, consigo ter um tucupi de excelência em São Paulo. Não tenho como não honrar essa herança.

O mil-folhas de mandioca de Claude Troisgros

Foi Claude quem me apresentou o mil-folhas de mandioca e me permitiu incluí-lo no Cardápio Pré-Descobrimento. Claude exemplifica de que maneira um clássico da cozinha francesa – o gratin dauphinois – pode se adaptar a um novo formato sem se transfigurar em um *grrratinado de mandiôcá à la dauphinoise*. Não poderia deixar de constar neste livro.

O biscoito de polvilho de Helena Rizzo

Biscoito de polvilho sempre foi modelado em formato de argola ou em bolinhas. Eis que Helena Rizzo resolveu apresentá-lo em placas. Não poderia ser mais bonito e prático: leva mais tempo para acabar e querer outro. Jeito elegante de comer biscoito de polvilho, como é Helena Rizzo.

Os dadinhos de tapioca de Rodrigo Oliveira

Rodrigo Oliveira inventou o dadinho de tapioca, que já se tornou um clássico. Foi degustando os dadinhos que muito do que eu intuía sobre o potencial da tapioca se transformou em inspiração para experiências com bons resultados. Obrigado, Rodrigo.

DADINHOS DE TAPIOCA COM QUEIJO DE COALHO

POR RODRIGO OLIVEIRA

2 l	de leite integral
1,25 kg	de queijo de coalho
1 kg	de tapioca granulada
	sal a gosto
	pimenta-do-reino branca moída na hora a gosto

(1) Escolha uma travessa retangular, pincele com um pouco de água e forre com filme de PVC, cobrindo o fundo e as bordas para ajudar a desenformar.

(2) Leve o leite ao fogo até ferver. Enquanto isso, bata no processador ou rale em um ralador fino o queijo de coalho.

(3) Em um recipiente grande, misture o queijo de coalho ralado e a tapioca granulada e tempere com sal e pimenta; observe que alguns queijos são mais salgados e não precisam de mais sal.

(4) Quando o leite levantar fervura, desligue o fogo e despeje-o sobre a mistura de tapioca granulada e queijo de coalho. Mexa bem com um fouet até que a tapioca esteja hidratada.

(5) Transfira a massa para a travessa preparada, alisando a superfície. Cubra com mais filme de PVC e leve à geladeira. Deixe esfriar até que esteja firme.

(6) Depois, retire da travessa e transfira a massa para uma tábua. Corte-a em cubos.

(7) Frite em óleo de soja abundante (o suficiente para cobrir os dadinhos) a 170 °C, até que estejam dourados.

149

BISCOITO DE POLVILHO

POR HELENA RIZZO

500 g	de polvilho azedo
10 g	de sal
20 g	de açúcar
200 ml	de água
200 g	de óleo
1 ovo	
125 ml	de leite
	sal grosso a gosto

(1) Em um bowl, misture o polvilho azedo, o sal e o açúcar e reserve.

(2) Em uma panela grande, coloque a água e o óleo e leve ao fogo médio. Assim que aquecer, despeje sobre a mistura de polvilho para escaldar.

(3) Acrescente o ovo e depois o leite aos poucos e misture até dar o ponto: a massa deve ficar homogênea, lisa e suficientemente firme para ser manuseada com uma espátula, sem que escorra.

(4) Leve a mistura à geladeira e deixe descansando por 12 horas.

(5) Na hora de assar, aqueça o forno a 165 °C.

(6) Sobre um tapete de silicone, espalhe uma camada fina de massa, usando uma espátula. Polvilhe com um pouco de sal grosso e leve ao forno. Asse por 18 minutos ou até ficar crocante.

151

MIL-FOLHAS DE MANDIOCA

POR CLAUDE TROISGROS

MIL-FOLHAS

4 kg	de mandioca
400 g	de manteiga clarificada sem sal
	sal e pimenta-do-reino a gosto
300 g	de queijo brie

GELEIA DE PIMENTA

300 g	de pimentão vermelho sem semente cortado em brunoise
150 g	de pimentão amarelo sem semente cortado em brunoise
200 ml	de vinagre branco
400 g	de açúcar refinado
15 g	de pimenta dedo-de moça

(1) Coloque todos os ingredientes da geleia em uma panela e misture. Leve ao fogo baixo e cozinhe, mexendo de vez em quando, por 1 hora. Quando começar a ficar translúcido, é sinal de que está pronto. Desligue o fogo e reserve.
(2) Descasque a mandioca e corte-a em tiras longas com 1 mm de espessura. Transfira-as para uma tigela, junte a manteiga clarificada e tempere com sal e pimenta. Misture bem.
(3) Disponha as tiras de mandiocas em uma assadeira retangular de alumínio preenchendo bem o fundo, fazendo camadas e apertando bem para que asse por igual.
(4) Asse em forno preaquecido a 180 °C por 40 minutos. Espete com um palito: se entrar e sair sem resistência, está pronto.
(5) Retire do forno e pressione o folhado com outra assadeira para escorrer o excesso de gordura e descarte. Leve à geladeira por 12 horas.
(6) Desenforme e corte em tiras de 1 cm de largura. Toste-as na chapa sem gordura, até ficarem bem crocantes. Corte-as em quadrados de 2 × 2 cm.
(7) Corte o queijo brie em pedaços de 1,5 × 1,5 cm e disponha por cima do folhado. Leve esse conjunto ao forno elétrico bem quente, para que o queijo derreta levemente. Finalize com geleia de pimenta e sirva.

152

153

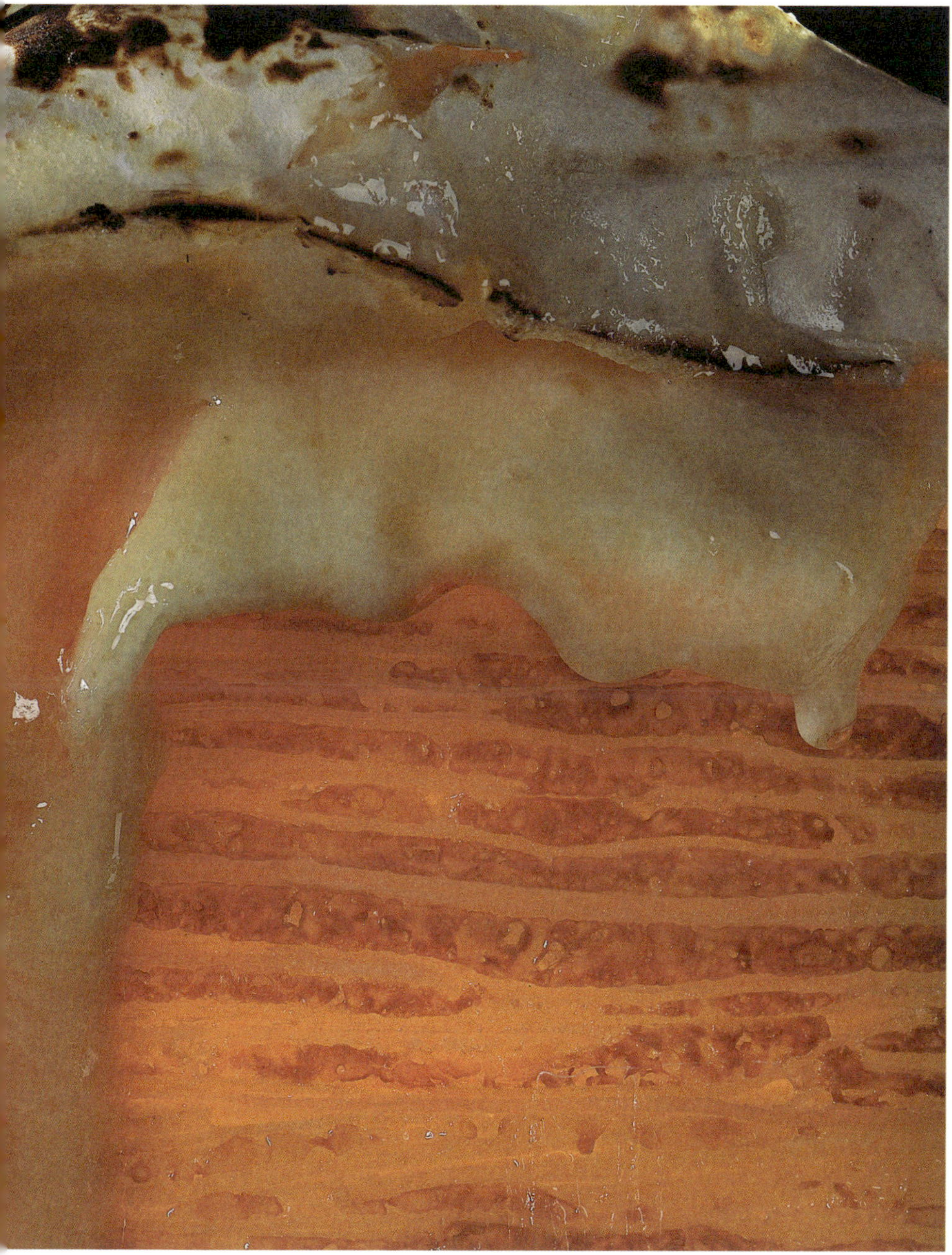

BARREADO

POR MARA SALLES

	BARREADO
200 g	de bacon cortado em tiras bem finas
3 kg	de coxão-duro cortado em cubos de 2,5 cm
1	maço de cebolinha e outro de salsinha picadas grosseiramente
8	dentes de alho cortados em lâminas grossas
2	colheres (chá) de cominho em grão aquecidos e pilados na hora
8	tomates sem pele e sem sementes cortados em quatro
3	cebolas médias cortadas em cubos médios
4	copos americanos de água
2	colheres (sopa) rasas de sal
1	copo americano de óleo
1	copo americano de vinagre de vinho tinto
3	folhas de louro

Barreado

(1) Forre o fundo de um caldeirão de barro com capacidade para 5 litros com as tiras de bacon. Por cima, coloque uma camada de carne, um punhado de cebolinha e de salsinha, algumas lâminas de alho e polvilhe com o cominho. Repita essas camadas até usar todos esses ingredientes.

(2) Coloque no liquidificador os tomates, a cebola, a água e o sal e bata. Misture com o óleo e o vinagre e derrame sobre a carne. Junte as folhas de louro na panela e tampe.

(3) Lacre toda a borda da panela tampada com a goma de farinha de mandioca, de modo a vedar bem.

(4) Disponha a panela sobre uma chapa de ferro robusta e leve ao fogo mínimo ou ao fogão à lenha e cozinhe por 14 a 16 horas; nunca cozinhe na chama direta.

(5) Se a chapa mantiver calor mínimo e constante, não haverá risco de o líquido secar ou de o lacre se romper. Verifique a temperatura colocando a mão sobre a tampa do caldeirão: se o calor for suportável por 1 minuto, o cozimento estará bem conduzido.

LACRE	
200 g	de farinha de mandioca
500 ml	de água fria aproximadamente

Em nenhum momento pode haver redução de temperatura abaixo dessa percepção. Durante o cozimento, se houver escape de ar, vede os buraquinhos com o lacre de farinha.

(6) Para abrir a panela, use uma faca de ponta fina, cortando o lacre na junção da tampa com o caldeirão, de forma a não destruir a crosta de farinha e manter a beleza do prato.

(7) Na hora de servir, faça um pirão, colocando em prato de sopa uma colherada de farinha de mandioca fina e uma concha de barreado com bastante caldo. Ponha sobre o pirão um pouquinho mais de carne e lâminas de banana-da-terra chapeadas com um pouco de manteiga.

Lacre

Coloque a farinha em uma tigela grande e despeje a água aos poucos, misturando com as mãos até obter uma goma consistente. Reserve até a hora da montagem.

PATO DO IMPERADOR

POR DANIELA MARTINS

	PATO
2	peitos de pato
1	litro de tucupi
1	pimenta-de-cheiro
2	dentes de alho
3	folhas de alfavaca
3	folhas de chicória
	sal a gosto
1	maço de jambu
250 g	de arroz
4	folhas de acelga
250 g	de farinha d'água de mandioca

	VINHA-D'ALHOS
1	limão
2	cabeças de alho
100 ml	de vinho branco
1	pimenta-de-cheiro
	sal a gosto

(1) Lave os peitos de pato em água corrente e reserve.

(2) Em um recipiente, prepare a vinha-d'alhos, misturando o suco do limão, as cabeças de alho socadas, o vinho branco, a pimenta de cheiro, sal e água a gosto. Coloque o pato nesse tempero e deixe descansar de um dia para o outro na geladeira.

(3) Coloque o pato em uma assadeira e cubra com papel-alumínio. Leve ao forno médio e asse por aproximadamente 20 minutos.

(4) Enquanto isso, em uma panela, coloque o tucupi, a pimenta-de-cheiro, os dentes de alho, a alfavaca, a chicória. Tempere com sal a gosto e leve para ferver.

(5) Retire ⅓ do tucupi temperado e reserve. Coloque os peitos de pato já assados no tucupi restante e cozinhe até ficarem bem macios. Desfie e reserve.

(6) Escolhas as folhas de jambu com os talos mais tenros e lave em água corrente. Escalde levemente em uma panela com água fervente e sal a gosto. Separe ¾ do jambu escaldado e pique; conserve o restante na água do cozimento.

(7) Prepare o arroz, aproveitando o tucupi temperado e reservado. Depois de pronto, misture o pato desfiado e o jambu picado.
(8) Na hora de servir, coloque uma folha de acelga no prato e, sobre ela, o arroz de pato e jambu. Junte as folhas de jambu reservadas na água do cozimento e regue com o tucupi restante. Decore com uma treliça de pimentão verde e vermelho. Sirva acompanhado uma cuia de farinha d'água de mandioca e outra de tucupi.

157

MANIHOT UTILISSIMA POHL
MANDIOCA

GLOSSÁRIO

A

Abieiro: árvore do abiu (Pouteria caimito), nativa da Amazônia Central e da Mata Atlântica costeira do Brasil, de Pernambuco ao Rio de Janeiro.

Aipim: mandioca-mansa, macaxeira, mandioca de mesa.

Ajutório, ajuita: mutirão.

Angelim: árvore (Dinizia excelsa) gigantesca que pode atingir até 60 metros de altura, ocorre na região amazônica. Também conhecida como angelim-vermelho, angelim-verdadeiro, angelim-pedra, faveira-dura, faveira-ferro, kuraru, paracuá. A madeira resistente tem altíssimo valor comercial.

Arupena: ver urupema.

B

Bruaca: saco de algodão ou de couro cru preso às cangalhas do animal de carga, onde se colocam víveres para serem transportados. Podem também pender por trás da sela do cavaleiro.

C

Caborê: descascador de mandioca; designação utilizada pelos Tupiniquim de Aracruz.

Caititu: cilindro de madeira com dentes de metal para triturar a raiz de mandioca. É movido a motor ou manivela. Substituiu, em muitas casas de farinha, o ralador manual.

Cangalha: artefato de madeira ou ferro acolchoado que se coloca sobre o lombo dos animais para permitir pendurar carga de ambos os lados.

Carne de lata: nome que se dá às carnes conservadas dentro de latas onde grandes nacos ficam imersos na própria gordura em que foram fritos. Método útil para locais sem energia elétrica. A carne e a gordura que a envolve são usadas para temperar a farinha da matula ou farnel.

Cocho: tronco de madeira escavada onde se coloca a massa da mandioca ralada para ser espremida, ou onde se peneira a massa já espremida para ser torrada em seguida, ou onde a massa ralada descansa para fermentar; masseira, canoa.

Coivara: método de plantio em que se coloca fogo na porção derrubada de floresta a ser cultivada. Também conhecido como roça de corte e queima.

Crueira: nacos maiores de resíduos fibrosos separados da massa ralada da mandioca no ato de peneirar, destinados a alimentar animais de criação, como porcos e galinhas; cruera.

Cubiu: fruto (Solanum sessiliflorum) que ocorre na Amazônia Ocidental; tomate-de-índio.

Cucura: árvore (Pourouma cecropiifolia) originária da Amazônia Ocidental cujos frutos dão em cachos; purumã, mapati.

Cumaru: árvore amazônica (Dipteryx odorata), pode atingir 30 metros de altura. Sua vagem é comestível. A semente do fruto tem uso medicinal e também é usada em perfumaria como um sucedâneo da baunilha e para extração de óleo.

D

Drogas do sertão: produtos obtidos por atividade extrativa no Brasil Colonial, como cacau, canela, cravo, castanhas e pimentas.

F

Forno: chapa de ferro ou flandres na qual se torra a farinha. Pode ser retangular ou redondo, como tachos sem alça, os menores com pelo menos 2 metros de diâmetro. Em Bragança (PA), os fornos para assar beijus sobre folha são sempre de cobre. Houve tempo em que fornos eram de barro cozido.

G

Goma: fécula ou amido da mandioca, usada para fazer beiju ou tapioca, sagu e para engrossar caldos; polvilho.

Gongo: larva de inseto que se desenvolve em troncos de palmeira. Possui muita gordura, geralmente com o mesmo sabor do coco da variedade de palmeira onde se encontra. Outro nome para piolho-de-cobra, por sua vez confundido com centopeia; também conhecido por coró ou tapuru.

Grelo: moedor ou triturador de mandioca.

I

Igaçaba: grande pote de barro cozido em que se armazena água ou bebidas.

J

Jacuba: versão nordestina do chibé amazônico. É sempre farinha de mandioca empapada em água, onde pode se acrescentar rapadura, açúcar ou mel de garapa. Há quem acrescente leite ou cachaça. Também existe a versão só com água e sumo de limão, para refrescar.

Japurá: fruta (Erisma japura) que ocorre ao longo da bacia do rio Negro (AM).

Jerimum: abóbora.

Jurupari: entidade a quem se credita o poder de ter criado leis, regras e normas, tal como um legislador. Talvez por causa disso seja associado a um ser horripilante e assustador, que assombra pessoas desavisadas e pouco atentas aos seus mandamentos.

K

Kjãpo: beiju, na língua panará.

Kwyyankô: designação panará, povo indígena que mora no Pará, para nukaga. Os Panará aprenderam o preparo desse mingau (pejorativamente designado em português por perereba) quando foram obrigados a viver na Terra Indígena Xingu (MT) durante o período em que não conseguiam retomar seu território original, onde hoje estão.

M

Macaxeira: ver aipim.

Macoari: erva nativa (Heliconia hirsuta) plantada nas roças cujo tubérculo é comestível. No Rio Negro, costuma ser consumido fermentado. No sistema de consórcio, as agricultoras dizem que o macoari cresce bem junto de mandioca, cará, abacaxi, macoari-doce (Canna esdulis), pimenta, cana e caju.

Malamba: ver quenga.

Mandicuera: mingau líquido ou bebida grossa feita do caldo retirado da mandioca. Esse caldo precisa ser fervido por mais de quatro horas para garantir a evaporação do ácido cianídrico. O tipo da mandioca é o que define o sabor e a doçura. A designação é da região de Bragança (PA), cuja especificidade é conter arroz e ser ingerida gelada. Ver também nukaga e kwyyankô.

Mandiquera: termo utilizado no Vale do Ribeira (SP). Ver manipuera.

Manicuera: bebida consumida no Médio e no Alto Rio Negro, produzida a partir da água da mandioca fervida prolongadamente para garantir a evaporação do sumo tóxico. O tipo da mandioca define o sabor e a doçura da bebida.

Manipuera: caldo tóxico retirado da mandioca quando espremida ou prensada. Em muitas regiões, é chamada simplesmente de "água da mandioca". Apesar de descartada na maioria das vezes, a agroecologia vem recomendando seu uso para combater formigas em substituição aos venenos químicos.

Masseira: ver cocho.

Matula: comida de viagem, geralmente tendo como único ou principal item uma farofa de carne.

Maxixe: planta rasteira ou trepadeira (Cucumis anguria) anual e de clima quente. Comestível, pode se enquadrar na categoria de hortaliça.

Moquém: jirau de madeira resistente ao fogo sobre o qual se

coloca carne para assar com o calor emitido das brasas. Carne ou peixe moqueados ficam, ainda, ligeiramente defumados. É um método eficiente de desidratação para conservar carnes por muitos dias.

Mujeca: caldo de pimenta (ver quinhãpira) com peixe em pequenos pedaços e farinha dissolvida. Quando se adiciona goma no lugar da farinha, chama-se kudiari.

N

Nheengatu: língua da família Tupi-Guarani que surgiu no século 19 como desdobramento da língua geral amazônica que, junto com a língua geral paulista, foi instrumento de catequese e de ação social e política luso-brasileira. No Amazonas e no Pará, era mais falada do que o português até 1877. Atualmente ainda é falada no Alto Rio Negro, sendo uma das três línguas oficiais do município de São Gabriel da Cachoeira (AM).

Nukaga: designação do povo Waujá, da Terra Indígena Xingu (MT), para o mingau muito semelhante à mandicuera preparada em Bragança (PA), mas sem o uso do arroz para dar consistência, apenas de polvilho. Entre os Panará (língua da família Jê), o mesmo mingau se chama saak-iã, e entre os Yudjá (língua da família Tupi) chama-se wãwãru.

P

Palanque: jirau ou prateleira.

Paneiro: cestos de tramas largas usado para carregar produtos da roça para casa. Quando forrados, armazenam farinha de mandioca para o estoque de casa ou para comercialização. Serve como unidade de medida para compra e venda de farinha, equivalendo a 30 quilos aproximadamente.

Perereba: designação genérica em português com forte tom pejorativo para o mingau resultante do cozimento prolongado do sumo tóxico da mandioca. Cada etnia da Terra Indígena Xingu (MT) atribui em sua língua o nome específico para este preparo. Ver nukaga.

Periquiteira: espécie (Trema micrantha) nativa brasileira pertencente à família das canabáceas. Presente em todos os biomas brasileiros, recebe diferentes nomes, entre eles: cambará, candiúba, coatindiba, crandiúva, curindiba, lixa, mutamba, pau-pólvora, seriúva, taleira, urundiuba.

Piracuí: farinha de peixe resultante de um modo tradicional de processar e conservar a carne de peixe – geralmente cascudo, tamuatá ou acari, de carne bem gordurosa. Depois de assado inteiro, o peixe é descarnado. A carne é exposta ao sol para então ser torrada de forma muito semelhante à da farinha. Na língua tupi, pira significa "peixe" e ui, farinha, mas o piracuí é esfarelado por si, não leva farinha no preparo.

Pojuva: termo usado nas comunidades quilombolas do Vale do Ribeira (SP) para mutirão de menor escala voltado para um trabalho mais rápido que não requer muitas pessoas, como por exemplo arrancar mandioca na roça.

Polvilho: ver goma.

Prensa de fuso: mecanismo para retirar a água venenosa da mandioca. Tem a mesma função do tipiti. Quando não há o fuso para pressionar, são colocadas pedras, e nesses casos chama-se burro.

Puiuva: ver pojuva.

Puxirão: mutirão. Ver também pojuva.

Q

Quenga: prato típico da Chapada Diamantina (BA), trata-se de guisado de galinha e quiabo. As festas de casamento começavam servindo a quenga em prato fundo, com polenta em corte. Certamente por preconceito ao que alude, o nome tradicional começou a ser abandonado com a consolidação do turismo na região. O nome do prato foi substituído por malamba, palavra que significa desgraça, infelicidade, lamúria. Não se sabe de onde a palavra veio, nem como chegou. Com este nome, é servido até em copo descartável.

Quinhãpira: caldo apimentado consumido no Alto e no Médio Rio Negro. Com beiju, é o prato mais típico da região, e ao caldo pode acrescentar-se tucupi ou tucupi preto; quinhapira.

R

Regatão: comerciante que se utiliza de barco cargueiro para vender mercadorias, mais comumente em sistema de troca. Este nome certamente surgiu pelo fato de a troca comercial ser sempre muito regateada pelo dono do barco e quase sempre injusta.

Reunida: ver pojuva.

Rodete: ver caititu.

Rodo: utensílio de madeira com cabo bem longo usado para revolver a farinha durante o trabalho de torra no forno; remo.

S

Sessar: peneirar; o termo é utilizado na Chapada Diamantina (BA).

Sevar: ralar; o termo é relativamente recorrente no interior de São Paulo, Minas Gerais e Goiás.

T

Terçado: facão; palavra usada em toda a Amazônia.

Tipiti: cilindro flexível feito de talo vegetal dentro do qual é colocada a massa da mandioca ralada e crua para a retirada de seu sumo tóxico.

Torrador: ver forno.

Tucum: palmeira (*Bactris setosa*) que forma uma grande touceira e tem o caule muito espinhento. Dos frutos, com polpa muito perfumada, se extrai óleo. Povos indígenas usam a casca seca do fruto, nunca maior que 2 centímetros, para produzir adornos.

U

Uacu: planta (*Monopteryx uauca*) da família das leguminosas, ocorre ao longo da bacia do rio Negro.

Ucuqui: fruto de árvore (*Pouteria ucuqui*) que alcança 20 metros de altura, da família das sapotáceas e ocorre no noroeste da Amazônia, mais especificamente nas bacias dos rios Negro e Caquetá.

Umari: fruto do umarizeiro (*Geoffroea spinosa*), árvore de grande porte que se distribui pela América do Sul. No Brasil, cresce principalmente no Pará, Mato Grosso, Mato Grosso do Sul e no sertão do Nordeste.

Urupema: peneira quadrangular ou circular para retirar resíduos que restaram da moagem da mandioca crua. Pode ser feita de talos de taboca, taquara ou outro material de origem vegetal. Hoje em dia é mais comum o uso da peneira redonda industrializada feita de metal, conhecida como arupema de arame.

AGRADECIMENTOS

Nossos sinceros agradecimentos às pessoas e instituições que tiveram papel fundamental na elaboração deste livro:

Ana Laura Mantovani, por entrar no túnel do tempo e recuperar as imagens de uma exsicata depositada na Universidade Federal da Paraíba (UFPB) depois de sua pesquisa sobre a mandioca;

Beto Ricardo, por seu olho clínico;

Charles Clement, por ter entregado seu texto em um piscar de olhos e pela sua disposição em continuar cooperando;

Instituto de Pesquisa e Formação Indígena (Iepé), na pessoa de Luís Donisete, Dominique Gallois, Lúcia Szmrecsányi e Marina Rabello, pelo arquivo de imagens disponível para consulta;

Instituto Socioambiental (ISA) e toda a sua equipe, pela disposição de interromper a intensa rotina de trabalho e responder dúvidas de conteúdo ou ir atrás de quem as solucionasse, tudo em nome do respeito que dedicam aos indígenas e seus conhecimentos, em especial Cláudio Tavares, Carolina Botinhon e Mariana Baumgaertner, especialistas atenciosos e fiéis zeladores do acervo de imagens da instituição;

Isabel Gouvêa, pelo inigualável e incomensurável profissionalismo, e por abrir sua caderneta com os contatos de tantos e incríveis fotógrafos;

Jerônimo Villas-Bôas, pela revisão contra gafes que a escrita dos não especialistas em botânica poderiam eternizar no livro, pela cessão de fotos e pela preciosa colaboração no tema das fermentações;

Jussara Gruber, por ter mergulhado em seus arquivos de negativos analógicos para ceder imagens que a potência do rio Solimões teria arrastado, se não estivessem tão bem guardados;

Margot Stinglwagner, da Guaaja, por nos fazer descobrir que a tiquira merece muito lugar ao sol, basta ser bem feita, como reza a tradição;

Mariana Villas-Bôas, por ser uma produtora e tanto e resolver o que desse e viesse;

Mário Vilela, para quem não tem tempo feio nem para fotografar, nem para combinar qualquer jogo com as fotos que, feitas para a Funai, reconhece serem patrimônio cultural dos brasileiros;

Mercedes West, por se dispor a procurar o que queríamos no Museu Edson Carneiro, no Rio de Janeiro, mas... não existia!

Neide Rigo, a escarafunchadora de saberes e fazeres alheios, pela atenção a creditá-los e pela generosidade de compartilhar tanto conhecimento acumulado;

Pedro Martinelli, por ceder suas fotos;

Pieter-Jan van der Veld, por ter compartilhado suas imagens e por ter apresentado Nigel Smith, a quem também agradecemos por participar deste projeto e ceder fotos suas.

Este livro só foi possível porque muitas mãos colocaram sua força de trabalho no processo. Meus sinceros e exagerados agradecimentos a Nina Kahn por partilhar tanto comigo. E em mesmo grau e exagero meu agradecimento a Andrea Uchida Campos, por sua dedicação para que este e tantos projetos que me enchem de orgulho se realizem.

Nº	CRÉDITO DAS IMAGENS
	Todos os esforços foram feitos para localizar os detentores dos direitos autorais das imagens reproduzidas neste livro. A editora compromete-se a dar os devidos créditos na próxima edição, caso os autores e/ou detentores dos direitos entrem em contato. A intenção ao utilizar as imagens aqui presentes foi ilustrar a leitura educativa, sem o intuito de violar direitos de terceiros.
1	Gravura de Alcide Dessalines d'Orbigny. Voyage pittoresque dans les deux Amériques, 1836 / Getty Research Institute, Los Angeles, EUA (92-B11649)
2	Gravura de Albert Eckhout, Índio tupi, 1643 / Fundação Biblioteca Nacional, Rio de Janeiro, RJ
3	Gravura de Johann Moritz Rugendas. Voyage pittoresque dans le Brésil, 1835 / Fundação Biblioteca Nacional, Rio de Janeiro, RJ
4	Óleo de Modesto Brocos y Gomez, Engenho de mandioca, 1892, reprodução fotográfica de César Barreto / Museu Nacional de Belas Artes, Rio de Janeiro, RJ
5	Iêda Marques, 2019
6	Rita Carelli, 2009
7	Vincent Carelli, 1996
8	Desenho de Kauã S. Ferreira quando aluno do 3º ano do ensino fundamental na aldeia Irajá, Terra Indígena Tupinikim (ES) / Instituto Socioambiental (ISA), 2016
9	Renato Soares / Pulsar Imagens, 2015

10	Desenho de Roberto Suarez / Museu da Amazônia, Manaus, AM
11-19	Miguel Chikaoka
20-30	Pedro Martinelli, 2003
31-32	Desenhos de Feliciano Lana, da etnia Desano / Instituto Socioambiental (ISA), anos 1990
A-W	Coleção de exsicatas organizada por Ana Laura Bezerra Mantovani / Universidade Federal da Paraíba (UFPB), 2008
33	Iêda Marques, 2019
34	Gentil Barreira, 2017
35	Walda Marques / Projeto Senhora Raiz, 2013
36	Paulo Junqueira / Instituto Socioambiental (ISA), 2017
37	Fernanda Ligabue / Instituto Socioambiental (ISA), 2018
38	Renato Soares / Pulsar Imagens, 2015
39	Iêda Marques, 2019
40	Nigel Smith, 2012
41	Beto Ricardo / Instituto Socioambiental (ISA), 2013
42	Elza Lima, 2010

43	Walda Marques / Projeto Senhora Raiz, 2013
44	Elza Lima, 2011
45	Iêda Marques, 2019
46	Geovane Carneiro, 2019
47	Elza Lima, 2010
48	Miguel Chikaoka, 2019
49	Pedro Martinelli, 2015
50-52	Marina Kahn, 2015
53	Gentil Barreira, 2017
54	Nigel Smith, 2007
55	Gravura de James Wells Champney, "Straining the manioca", extraída do livro Brazil - The Amazons and the Coast, de Herbert H. Smith, publicado por Charles Scribner's Sons, Nova York, EUA, 1879
56	Pedro Martinelli, 2003
57	Renato Soares / Pulsar Imagens, 2015
58	Elza Lima, 2010
59	Renato Soares / Pulsar Imagens, 2015

60-67	Elza Lima, 2010-2011
68	Renato Soares / Pulsar Imagens, 2015
69	Iêda Marques, 2019
70-72	Elza Lima, 2010-2011
73-75	Jerônimo Villas-Bôas, 2019
76	Renato Soares / Pulsar Imagens, 2012
77	Renato Soares / Pulsar Imagens, 2012
78	Jerônimo Villas-Bôas, 2019
79-80	Isabel Gouvêa, 2019
81	Renato Soares / Pulsar Imagens, 2015
82	Carla Fernandes Desano, 2019
83-85	Esther Katz, 2019
86-90	Walda Marques / Projeto Senhora Raiz, 2013
91-95	Isabel Gouvêa, 2019
96-99	Gentil Barreira, 2017
100	Isabel Gouvêa, 2019

101-110	Sandra Alves, 2016
111-122	Iêda Marques, 2019
123	Ugo Maia Andrade / Instituto de Pesquisa e Formação Indígena (Iepé), 2019
124	Gravura extraída do livro Unter den naturvölkern Zentral-Brasiliens – Reiseschilderung und Ergebnisse der Zweiten Schingú-Expedition 1887-1888, de Karl von den Steinen, publicado por Dietrich Reimer, Berlim, Alemanha, 1894 / Biblioteca Brasiliana Guita e José Mindlin, São Paulo, SP
125	Mário Vilela / Fundação Nacional do Índio (Funai), 2009
126-130	Jussara Gruber
131	Lúcia Szmrecsányi / Instituto de Pesquisa e Formação Indígena (Iepé), 2006
132	Esther Katz, 2019
133	Carol Quintanilha / Instituto Socioambiental (ISA), 2018
134-157	Sérgio Coimbra, 2019

REFERÊNCIAS

AGUIAR, Pinto de. Mandioca: pão do Brasil. Rio de Janeiro: Civilização Brasileira, 1982. BARBOSA, Yêda; SIMAS, Diego (coord.). Dossiê Iphan 19: Sistema agrícola tradicional do Rio Negro. Brasília: IPHAN, 2019. BECHELANY, Fabiano; STURLINI, Manuela Otero (org.). Kâpr˜epa Puu Popoti Hã: o livro da roça redonda dos Panará. Altamira, PA: Associação Iakiô/ Instituto Socioambiental, 2019. BRANDÃO, Ambrósio Fernandes. Diálogos das grandezas do Brasil. Disponível em <http://www.dominiopublico.gov.br/download/texto/bv000025.pdf>. CABALZAR, Flora Freire Silva Dias. "A mulher provedora". In: Aru - Revista de Pesquisa Intercultural da Bacia do Rio Negro. Instituto Socioambiental, São Paulo, v. 2, ago/2018, pp. 79-93. CASCUDO, Luís da Câmara. História da alimentação no Brasil. São Paulo: Global Editora, 2004. CLEMENT, Charles R. et al. "The domestication of Amazonia before European conquest." In: Proceedings of The Royal Society - Biological Sciences, v. 282, issue 1812. Disponível em <https://doi.org/10.1098/rspb.2015.0813>. EMPERAIRE, Laure et al. Dossiê de registro do sistema agrícola tradicional do Rio Negro. Brasília: ACIMRN / IPHAN / IRD / Unicamp-CNPq, 2010. Disponível em <http://portal.iphan.gov.br/bcrE/pages/conUfBemE.jsf?uf=AM>. EMPERAIRE, Laure. "Elementos de discussão sobre a conservação da agrobiodiversidade: o exemplo da mandioca (*Manihot esculenta Crantz*) na Amazônia brasileira." In: CAPOBIANCO, J-P. (Ed.), Biodiversidade da Amazônia brasileira, avaliação e ações prioritárias para a conservação, uso sustentável e repartição dos benefícios. São Paulo: ISA / Estação Liberdade, 2002, pp. 225-234. EMPERAIRE, Laure; ALMEIDA, M. W. B. "Le périurbain en Amazonie, une ressource pour l'agrobiodiversité?" In: BARLES, Sabine; BLANC, Nathalie. Ecologies urbaines: sur le terrain. Economica Anthropos, pp.28-44, 2016. EMPERAIRE, Laure; OLIVEIRA, Joana Cabral de. "Redes sociales y diversidad agrícola en la Amazonía brasileña: um sistema multicêntrico." In: POCCHETINO, María Lelia; LADIO, Ana H.; ARENAS, Patrícia M. (Orgs.). Tradiciones & transformaciones en etnobotánica. Bariloche: Cyted-Risapred, 2010. pp. 180-185. FERREIRA, A. T. “A história do povo werekena do rio Xié.” In: Aru – Revista de Pesquisa Intercultural da Bacia do Rio Negro. Instituto Socioambiental, São Paulo, v. 3, abr/2019, pp. 69-85. FREYRE, Gilberto. Casa-grande & senzala. São Paulo: Global Editora, 2019. GALVÃO, Wenceslau Sampaio (Tõrãmu Bayaru); GALVÃO, Raimundo Castro. (Guahari Ye Ñi). Livro dos antigos Desana-Guahari Diputiro Porã. São Gabriel da Cachoeira, AM: Onimrp/Foirn, 2004. GONÇALVES, Gabriela Granghelli. Etnobotânica de plantas alimentícias em comunidades indígenas multiétnicas do baixo rio Uaupés – Amazonas. Tese (Doutorado em Horticultura). Faculdade de Ciências Agronômicas da Unesp Botucatu, 2017. Disponível em <http://hdl.handle.net/11449/150944>. IEPÉ, 2006. Ijama'e kõ. Livro de leitura e pesquisa para as escolas de ensino fundamental da Terra Indígena Waiãpi (AP). São Paulo: Iepé, 2006, pp. 32-34. INSTITUTO SOCIOAMBIENTAL. Dossiê do Sistema Agrícola Tradicional Quilombola do Vale do Ribeira (SP), v. 1. São Paulo: Instituto Socioambiental, 2017. KATZ, Sandor F. A arte da fermentação. São Paulo: Tapioca, 2014. MACHADO, Fúlvio de Barros Pinheiro. Brasil, a doce terra. União dos Produtores de Energia, 2004. Disponível em <https://www.agencia.cnptia.embrapa.br/Repositorio/historia_da_cana_000fhc62u4b02wyiv80efhb2attuk4ec.pdf> MAGALHÃES, José Vieira Couto de. Os selvagens. Rio de Janeiro: Typographia da Reforma, 1876. Disponível em <http://www.etnolinguistica.org/biblio:magalhaes-1876-selvagem>. MANTOVANI, Ana Laura Bezerra. Manejo da agrobiodiversidade por pequenos agricultores do agreste da Paraíba: o caso da mandioca (*Manihot esculenta crantz euphorbiaceae*). Dissertação (Mestrado em Gerenciamento Ambiental). Universidade Federal da Paraíba, 2009. Disponível em <https://repositorio.ufpb.br/jspui/handle/tede/4580>. MARTINELLI, Pedro. Mulheres da Amazônia. Carapicuíba, SP: Jaraqui, 2003. NAVARRO, Eduardo Almeida. Dicionário de tupi antigo – A língua indígena clássica do Brasil. São Paulo. Global, 2013. PIERONI, Gabriella. Engenhos da cultura – Teias agroecológicas. Florianópolis: Ponto de Cultura Engenhos de Farinha / Cepagro, 2014.

PINTO E SILVA, Paula. Farinha, feijão e carne-seca: um tripé culinário no Brasil colonial. São Paulo: Senac, 2004. RIBEIRO, João Ubaldo. Viva o povo brasileiro. Rio de Janeiro: Nova Fronteira, 2005. RICARDO, Beto. "Cláudia". In: MARTINELLI, Pedro. Mulheres da Amazônia. Carapicuíba, SP: Jaraqui, 2003. SOARES, Mariza de Carvalho. "Engenho sim, de açúcar não: o engenho de farinha de Frans Post." In: Varia historia, Belo Horizonte, v. 25, n. 41, pp. 61-83, Junho 2009. Disponível em <http://www.scielo.br/scielo.php?script=sci_arttext&pid=S0104-87752009000100004&lng=en&nrm=iso>. Acesso em 19 de agosto de 2019. STEEGE, Hans Ter et al. "Hyperdominance in the Amazonian Tree Flora". In: Science 342, 1243092 (2013). DOI: 10.1126/science.1243092. Disponível em <https://science.sciencemag.org/content/342/6156/1243092>. Acesso em 19 de agosto de 2019. VALLE, Teresa Losada. "Conservação e uso de recursos genéticos de mandioca." In: Agrobiodiversidade e diversidade cultural / MMA. Brasília: MMA/SBF, 2006. pp-31-32. VELTHEM, Lucia Hussak van.; EMPERAIRE, Laure (orgs.). Manivas aturás beijus: o sistema agrícola tradicional do Rio Negro: patrimônio cultural do Brasil. Santa Isabel do Rio Negro, AM: ACIMRN, 2016. VENÂNCIO, Renato Pinto; CARNEIRO, Henrique (Orgs.). Álcool e drogas na história do Brasil. São Paulo: Alameda; Belo Horizonte: PUC Minas, 2005.

O texto deste livro foi fixado conforme o acordo ortográfico vigente no Brasil desde 1º de janeiro de 2009.

Os textos sem autoria especificada tomaram por base registros de pesquisas e reflexões de estudiosos. Todas as obras consultadas constam das referências. A grafia dos nomes de povos indígenas segue o formato adotado no site Povos Indígenas no Brasil, do Instituto Socioambiental.

Coordenação do projeto: Andrea Uchida Campos
Coordenação editorial: Bia Nunes de Sousa
Pesquisa de conteúdo e redação: Marina Kahn
Assistente de pesquisa e redação: Luci Ayala
Revisão de texto: Claudia Vilas Gomes
Capa e projeto gráfico: Suno Design
Produção gráfica: Lilia Góes

1ª edição 2021, Impresso no Brasil

Dados Internacionais de Catalogação na Publicação (CIP)
(Câmara Brasileira do Livro, SP, Brasil)

Manihot utilissima pohl : mandioca / organização Alex Atala. -- 1. ed. -- São Paulo, SP : Alaúde Editorial, 2021. Vários autores.

ISBN 978-85-7881-604-9

1. Culinária brasileira 2. Mandioca 3. Mandioca - Brasil 4. Mandioca - Cultivo
5. Receitas culinárias I. Atala, Alex.

21-84551 CDD-641.5

Índices para catálogo sistemático:
1. Mandioca : Receitas culinárias : Gastronomia 641.5
Eliete Marques da Silva - Bibliotecária - CRB-8/9380

Alaúde Editorial Ltda.
Avenida Paulista 1337, conjunto 11
São Paulo, SP, 01311-200
Tels.: (11) 3146-9700
www.alaude.com.br
blog.alaude.com.br

/EditoraAlaude
/AlaudeEditora